CARBON VILLAIN? SEOUL

© Sungwoo Lee / Greenpeace

©Sungwoo Lee / Greenpeace

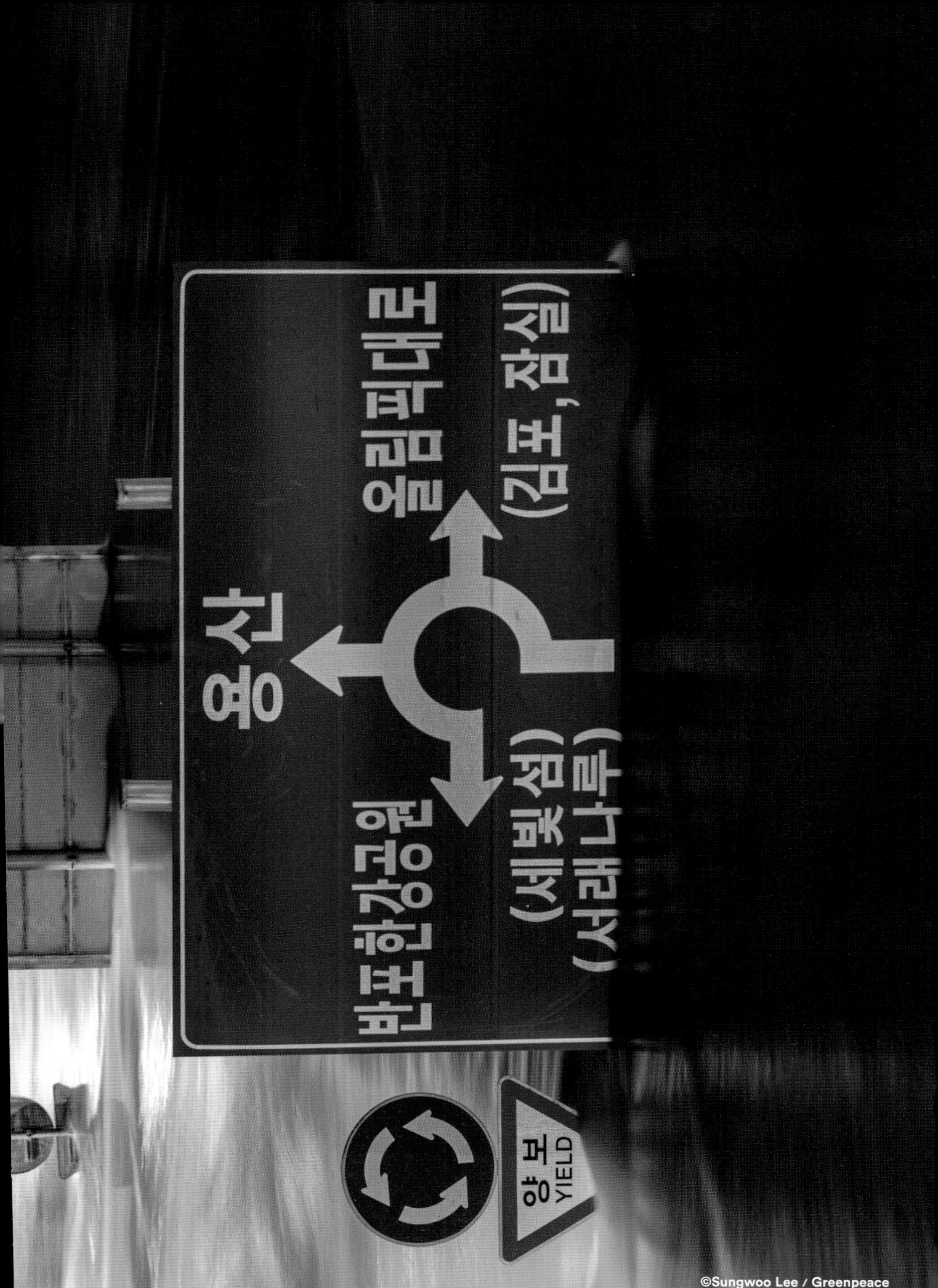

©Sungwoo Lee / Greenpeace

CARBON VILLAIN? SEOUL

CARBON VILLAIN? SEOUL

1.5 DEGREE C = NO COAL

© David Jaemin Byun / Greenpeace

© Seungchan Lee / Greenpeace

MULTIMEDIA PRODUCER. 김예진 ALEX KIM

김예진 프로듀서가 소속된 그린피스 서울사무소는 기후 재난 시대의 서울의 모습을 가장 선도적으로 기록한다.
사진은 직관적이고 시각적인 매체이기에 때론 단 한 장의 사진으로 상황의 심각성을 빠르게 전할 수 있고,
미래 세대에게 서울의 기후 변화를 전달하는 역사적 증거가 될 수 있다. 그렇기에 재난을 과장되게 보이게
하는 후보정은 철저히 금지한다. 외면해서는 안 될 서울의 진짜 얼굴을 대면한 시민들이 더 나은 미래를 위해
행동하는 계기가 되기를 바란다. www.greenpeace.org/korea
©Jung Taekyong

1.5°C

ISSUE°
CARBON VILLAIN?
SEOUL

CARBON VILLAIN? SEOUL

CARBON VILLAIN? SE

DEAR
READER

서울은 많은 매력을 지닌 도시입니다. 해외 여행자들이 서울의 치안, 교통 체계, 문화 자원에
감명 받는 리액션 영상이 유튜브를 가득 채울 정도이지요. 서울이 소중하고 자랑스러운
도시이기 때문에 꼭 해야겠다고 결심한 이야기가 있습니다. 이번 호 <일점오도씨>는 '탄소
배출 관점에서 본 서울'이라는, 어쩌면 많은 이가 외면하고 싶은 화두를 꺼냅니다.

<일점오도씨> 독자께서는 기후 위기가 바로 우리 일상에서 이미 벌어지는, 생존을 위협하는
사안이라는 점을 잘 아실 겁니다. 반면 많은 대중들은 이를 당면한 문제로 인식하지
못하고, 폭우, 폭설, 산불, 지진 등을 단순히 자연 재해로 받아 들이며 과거와 다름없는
삶을 이어가고 있지요. 이런 안타까움에 좀 더 많은 이웃과 기후 위기에 대한 생활 속
공감대를 만들고, 작은 실천이라도 함께 해볼 수 있는 계기를 만들어보고자 <일점오도씨>를
발행했습니다. 지난 2021년 에너지 전환을 다룬 창간호 'ELECTRIC SHOCK!'를 시작으로
전기차, 바다, 음식을 주제로 한 4권의 기후위기대응 매거진을 만들었습니다. 무관심에
대한 안타까움이 그간 잡지 발행의 동력이었지요.

이번 5호는 이전과 다른 관점에서 고민하고 준비했습니다. 저는 서울에 산 지 30년이 되어
갑니다. 미세먼지와 폭염 등이 이제는 익숙해져 버린 일상 속에서 재생에너지 인프라를
구축하고 운영하는 사업을 통해 기후문제 해결에 작은 역할이나마 하고자 하는 서울의 한
시민의 입장으로 이번 호를 준비했습니다.

서울 편을 만드는 과정에서 서울의 기후 문제를 유발하는 원인이 무척 다양하고, 그 원인의
정도가 어느 도시보다 심각하다는 것을 알게 됐습니다. 미세먼지, 에너지 소비, 쓰레기 양
등 모든 면에서 서울의 수치는 압도적이고, 미세먼지 농도는 세계보건기구가 제시한 기준의
2.3배나 됩니다. 서울 시민 1명이 1년간 배출하는 생활 폐기물의 양은 1.1톤으로 우리나라 1
인 평균 발생량에 비해 2.5배 가량 더 많다고 하고요.

인구 밀도가 높은 탓에 어쩔 수 없다는 변명이 나올 수도 있습니다. 그러나 서울시의
온실가스 감축 진행 정도는 겨우 한 자릿수입니다. 코펜하겐 60%, 베를린 41.1%, 심지어
베이징마저 16%를 감축하고 있는 가운데 서울은 8% 감축에 그쳤습니다.

우리 독자께서는 서울의 탄소중립에 대해서 얼마나 알고 계신가요? 또 어떤 실천을 하고 계신가요? <일점오도씨>가 서울 편을 준비하면서 한 번 더 깨닫게 된 건 시와 민간 기업 그리고 시민이 모두가 같은 마음으로 협력해야 지금의 기후 위기를 이겨낼 수 있다는 것이었습니다.

시와 기업들이 준비한 계획과 노력들이 있었음에도 알지 못하고, 보이지 않았기에 함께 동참하지 못한 일들이 많았습니다. 오랜 시간 서울에 살고 기후변화에 많은 관심을 갖고 있는 저조차도 말입니다.

이번 서울 편은 우리가 살고 있는 서울에 대해 더 잘 알고, 함께 하자는 외침과도 같습니다. 출퇴근 길에서, 일터에서, 그리고 편안하게 휴식을 취하는 공간에서 무엇을 보고, 어떤 일을 할 수 있을 지 다시 한번 생각해보는 계기가 되었으면 합니다. 무엇보다 가장 필요한 것은 모두의 관심이라고 생각합니다.

현재 진행 중인 정책을 포함해 2050년까지 서울시가 약속하고 그린 기후 청사진이 풍성합니다. 민간 기업과 환경 단체들이 계획하고 있는 활동도 다양합니다. 이 모든 것들이 잘 이뤄질 지는 우리 모두의 관심에 달려 있습니다. 잘 실천되는지 지켜보는 것 역시 일반 시민인 우리가 할 수 있는 하나의 기후 행동이라는 점을 이번 서울 편을 통해 상기해 보시길 바랍니다.

벚꽃의 개화 시기가 빨라져 '벚꽃 없는 벚꽃 축제'를 치러야 했던 것이 서울만의 문제가 아니라는 걸 아실 겁니다. 이번 서울 편은 서울만을 위해 만든 것이 아닙니다. 점이 모여 선이 되고 선이 모여 하나의 도형을 이루듯이 기후 위기를 대응하기 위해서는 하나의 작은 계기로 큰 파도를 만드는 것이 중요합니다. 서울 편을 통해 다른 지역의 주민들과 지자체들이 기후 문제를 자신의 문제로 바라보고 관심을 갖기를 희망합니다.

<1.5°C> 발행인 겸 소울에너지 CEO 안지영

global warming

지구 온난화
시대가 끝나고

1.5°C

99

global boiling
끓는 지구
시대가 시작됐다.

-유엔 사무총장, 안토니우 쿠테흐스
Antonio Gutierrez

1.5

THE CLIMA
NOT A DIS

1.5°C

E CRISIS IS
NT FUTURE

66

대홍수, 기후 난민, 위협적인 여름··· 여기는 서울입니다

99

COVER STORY　　EDITOR. Sumi Kim

일상을 침범하고 뒤흔드는 기후 위기는 더 이상 공상과학이 아니라 우리의 현실이다. 여전히 기후 문제가 '일어날 리 없는 일'이라 여기는 이들에게, 세 명의 소설가가 머지 않아 서울에서 맞닥뜨릴지 모를 어떤 일상의 이야기들을 전해왔다.

66
저긴 어때요?
99

* 일러두기:
여기에 실린 소설 본문은
범나비 폰트를
사용했습니다.

헬기 안에서 내려다본 서울 시내는 저녁놀이 내려앉은 것처럼 불그스름했다. 시야도 불투명했다. 조종석 창문으로 붉은 모래알이 달려드는 것 같았다. 오후 3시 무렵밖에 안 된 터라 안동산림항공관리소 소속 조종사 K는 마치 다른 차원에 존재하는 도시로 진입하는 것 같은 기분이었다. 관악산 아래를 지날 때, 조수석에 앉은 소장 M이 말했다.

"636년 전에 경복궁 지을 때, 정도전이가 아니라 풍수지리에 능한 무학대사 말을 들었어야 해."

"무학대사가 뭐랬는데요?" K가 물었다.

"관악산이 오행상 불(火)에 해당하니까 경복궁을 남쪽의 관악산을 바라보는 데가 아니라 그보다 동쪽에 지어야 한다고 했어. 그래야 화재를 면하고 명당 역할도 할 거라고. 근데 정도전이가 한강이 있으니까 괜찮다, 이렇게 고집을 부렸어."

"불은 인왕산에서 먼저 났다는데요? 그게 북악산(경복궁 뒷산), 북한산으로 번져갔고."

"그게 그거지. 2023년에도 인왕산에 불이 났어. 강북은 명당이 아니었던 거야."

산불이 난 지 4일이 지났음에도 여전히 불길이 잡히지 않았다. 전국 산림청 소속 산불 진화 헬기들뿐만 아니라 경찰청, 소방청, 국방부 헬기들도 투입됐지만, 여름 장마가 고양이 눈물만큼 내리곤 종적을 감춘 후 3주 내내 고온 건조한 날씨가 이어졌기 때문이었다. 축구장 1만여 개 규모의 산림이 잿더미로 변했고, 서울 창공 전역에 빨간불이 들어왔다. 마스크 없이 이동 금지, 호흡 금지, 그리고 단전·단수 대비. 화재 발생 인근 거주민들은 한강 이남으로 우르르 대피했다. 기후 위기로 대형 화재는 여름 장마 같은 것이 됐다. 계절마다 찾아왔다. 전 세계적인 현상이었다. 그리스, 캐나다, 미국이 먼저 불타올랐다.

"그러니까 소장님 말씀은 강남이 명당이라는 거죠?" K가 말했다. "하긴, 그래서 땅값이 그렇게 비싸졌겠지."

M은 고개를 저었다.

"2027년 장마 때 강남 3구가 다 침수된 거 몰라? 반지하 살던 사람들만 위험에 노출된 게 아냐. 고층 아파트 거주자들도 전기, 수도 끊긴 채로 고립돼서 피해가 컸어. 피해 규모는 2027년보다 작았지만 2022년 장마 때도 그랬었고."

*
여름철 수일 또는 수주간
이어지는 이상고온현상.

"아, 2022년 장마 기억나요!" K가 말했다. "제가 그때 마침 경복궁에서
여자 친구랑 데이트 중이었는데, 경복궁 처마 아래로 빗물 떨어지는 거
예쁘다고 사진도 찍고 동영상도 찍으면서 신나게 놀았거든요. 그러다
그날 밤에 집에 가서 뉴스 보니까 강남은 난리가 났더라고요. 그걸
보면서 생각했죠. 역시 산도 많고 지대도 높은 강북이 강남보다는 살기
좋은 곳이구나! 그랬는데 산불이 이렇게···."

"강남 고층 아파트들도 화재에 취약해. 폭발물 위험도 크고."

M은 혀를 찼다.

"이게 다 풍수 공부를 안 해서그래. 남들이 좋다니까 우르르···."

K는 인왕산 정상 북쪽으로 놓인 기차바위 부근에(북한산 산맥과 연결되는
고리이다) 소화 약재를 투하한 후 강동 지역으로 우회했다.

"애들 엄마가···" K가 말했다. "내후년에 서울로 전근 가면 어디에서
살아야 할지 벌써 걱정이 이만저만이 아니에요. 강동은 풍수지리학적으로
어때요? 여긴 산이 별로 없어서 산불 위험도 낮고, 홍수 때 침수 피해도
거의 없지 않아요?"

"모르는 소리. 강동구 근처 잠실이 대홍수 때문에 물길 바뀌면서 강남에
편입된 거야. 그리고 열파*라고 들어봤지? 평균적으로 강동 지역이 열파
피해가 심했어. 햇빛을 가려주고 식혀줄 산림이 부족해서 그런 거야."

"무학대사는 동쪽에 경복궁을 지어야 한다고 했다면서요?"

"사대문 안 동쪽이었던 거겠지, 그 밖이 아니라. 근데 사대문 안도 열파는
못 피해."

K는 감탄과 한탄이 섞인 한숨을 내쉬었다.

"역시 무리해서라도 한강이 바라보이는 곳에 집을 얻어야 할까요?"

M은 아래를 가리켰다. 한강 둔치 주변 산책로와 공원이 바닥에 바짝 엎드려
있었다.

"비가 좀 많이 왔다 싶으면 저기가 다 잠기는데?" M은 웃었다. "수상
가옥은 괜찮겠다."

"예? 수상 가옥요?"

"플로팅 하우스라고 안 들어봤어? 수위에 따라 건물이 위아래로
움직이는 원리야. 해수면 상승 때문에 해안가 주변 건물들이 다 그걸로
바뀌고 있잖아. 떠날 여유가 있는 사람들은 이미 거길 떴고."

K는 시커먼 재를 삼킨 것처럼 가슴이 답답했다. 그래서 조종간을 틀어
방향을 바꾸었다. 서해를 보면 가슴이 조금 뚫릴 듯했다.

"소장님은 풍수지리를 어떻게 그렇게 잘 아세요?"

"재테크. 퇴직금이랑 주식 판 것 합해서 서울에 땅 좀 사놓으려고 공부
좀 했지. 계속 들여다보니 강북, 강동, 강남은 이제 지기(地氣)가 꺾인 거
아닌가 싶어."

"지기가 뭐예요?"

"땅의 기운."

**
북극 해빙 감소로
햇빛을 반사하는 양이
줄면서 북극해의 기온이
올라가고, 이것이 북극과
북동아시아 사이 기압
배치를 교란해 북서
계절풍을 약화시키는
것으로 알려졌다.

K는 강서 지역을 내려다보았다. 서쪽 지평선 너머로 해가 조금씩
기울어가고 있었다.

"강서는 어때요?" K가 물었다.
"안 그래도 이제 남은 건 강서 지역인데, 저긴 지세를 좀 더 살펴봐야 해.
좀 돌아서 가봐."

K는 M의 지시대로 강서 지역 하늘을 한 바퀴 돌았다. M은 아래를 바라보며
맥을 짚듯 하나하나 가리켰다.

"까치산과 우장산이 청룡. 봉제산, 용왕산이 백호. 한강이 앞에서 감아
돌고. 나쁘지 않은데?"

K의 얼굴에 화색이 돌았다.

"강서가 명당이었네요!"

M은 고개를 갸웃거렸다.

"그렇긴 한데…."

K는 저 아래를 이리저리 살폈다.

"왜 그러세요? 풍수지리적으로 안 좋은 게 있어요?"
"강북이랑 하늘의 색 좀 비교해봐."

K는 고개 들어 강북 하늘과 강서 하늘을 번갈아 쳐다보았다. 강북 하늘이
그냥 불그스름하다면 강서 하늘은 거기에 흙빛이 섞여 있었다. 그래서
구름이 매연을 뭉쳐놓은 것처럼 보였다.

"그러고 보니 겨울철에는 하늘빛이 저거보다 더 짙었어요. 저것도 지세
때문인가요?" K가 물었다.
"글쎄, 지세는 땅의 일만 읽는 거라…."

K는 다시 강남 방향으로 헬기 머리를 돌렸다. 그리고 미련을 버리지 못한
눈빛으로 강서 지역을 바라보았다. 강서 하늘은 기후 위기에 따른 대기 정체
현상으로** 동해상으로 빠져나가지 못한 미세먼지와 화재로 인한 분진
때문에 이미 해가 진 것처럼 어두컴컴했다.

잠시 후, K가 천천히 입을 열었다.

"소장님, 저긴 어때요?"
"어디?"
"저기요."

김기창
2014년 장편소설 «모나코»로
'오늘의 작가상'을 받으며
등단했다. 기후 위기 시대를
배경으로 기록적인 폭염, 에너지
문제를 둘러싼 갈등, 방파제처럼
깎여가는 만년빙 등을 다룬 소설집
«기후변화 시대의 사랑»을 썼다.

스콜 주의보

곧 우기가 시작된다.

이 시기에 해상을 왕래하는 여객선들은 빈 객실이 없을 정도로 호황이었다. 조그만 객실 하나 예약하는 것만 해도 하늘의 별 따기만큼 힘들어서 이런 시기에 나 같은 카지노 직원에게도 객실을 제공하는 여행사에 감사하며 2인실에 만족해야 했다. 이런 호화 크루즈에서도 대부분 2인실, 혹은 4인실을 사용하며 혼자 객실을 독차지하는 것은 북한산을 끼고 있는 동네에 사는 사람들이나 가능했다.

여객선은 인천에서 출발해 중국 상하이를 거쳐서 태평양을 건너 샌프란시스코로 향하는 크루즈 여행선이었다. 샌프란시스코에 정박한 후 두 달 정도 있다가 다시 태평양을 건너 인천으로 들어온다. 인천항으로 들어온 사람들은 대부분 서울로 돌아갔다.

물에 반쯤 잠겨버린 도시로.

사실 크루즈 여행객들이 서울로 돌아올 즈음해서는 건기로 접어들어 물에 잠겼던 도시 곳곳이 진흙으로 뒤덮인 잔해와 함께 모습을 드러낸다. 물론 우기 기간 크루즈 여행을 떠났던 사람들은 그런 진흙 범벅이 된 집으로 돌아가지 않는다. 그들은 지대가 높고 안전한 곳에 산다. 나와 같은 객실에 투숙하게 된 임선하 씨 역시 그런 '서울 난민'이었다.

배에 오르니, 임선하 씨의 짐은 벌써 선실로 운반되어 있었다. 작은 트윈 침대 두 개 사이에 비어 있는 통로에 스티커가 더덕더덕 붙은 캐리어 두 개, 그리고 어깨에 메는 작은 가방과 텀블러, 의미를 알 수 없는 색색깔의 전단이 너저분하게 널려 있었다. 그러나 내 짐이 아니기에 함부로 손댈 수조차 없었다.

만나기 전부터 첫인상은 최악이었다.

뉴욕에서 태어나 중학생 때 서울로 돌아왔다는 임선하 씨는 사람을 사귀는 데 거리낌이 없었다. 며칠이 지나자 배에서 모르는 사람이 없을 정도였다. 그 여자는 선내에서 일어나는 온갖 일, 레스토랑에 나오는 음식의 종류와 양에서부터 수영장의 물은 어디에서 끌어오고 어디서 보충하는지 하는 문제까지 참견했다. 문제는 그 참견을 누구도 달가워하지 않는다는 데에 있었다. 사람들은 임선하 씨를 두고 대단한 환경운동가 났셨다고 비아냥거렸다. 오죽했으면 선내에서 임선하 씨의 별명이 스콜이었다. 가는 곳마다 천둥과 번개를 동반한 비바람을 몰고 다녀서 임선하 씨가 나타나면 사람들은 스콜 주의보가 떴다고 수군거렸다.

내가 일할 때마다 카지노에 나타나 포커 게임에 끼어드는 일도 부지기수였다. 포커를 치러 온다기보다는 또 누구에게든 훈수를 두려는 데 목적이 있는 것 같았지만.

그날도 마찬가지로 임선하 씨는 저녁 느지막이 나타나 내가 셔플을 하는 테이블에 와서 앉았다. 마침 자리가 하나 난 참이었다. 먼저 앉아 있던 선객들, 배우 염주은 씨와 그의 남편 박이주 씨가 임선하 씨를 반겼다.

주은 씨는 얼굴이 꽤 알려져 있었는데, 예전에 한창 잘나가던 때 돌연 은퇴를 선언하고 잠적한 중견 배우였다. 배우가 대개 그렇듯이 얼굴로만 보면 나이를 짐작하기 어려웠는데 의외로 옷차림은 아주 수수했다. 그러나 명품이 아닌 옷으로도 옷맵시를 내는 데는 손색이 없었다. 이들 부부는 사업차 샌프란시스코에 들렀다가 한국으로 돌아갈 예정이라고 했다.

"요즘은 우기다 뭐다 해서 사업하는 것도 시기를 잘 골라야 해요."

박이주 씨는 여러 체인을 거느리고 있는 건설업체의 사장이었다. 그는 몸집이 작고 왜소한 편이었으며, 무척 말라서 어떤 옷을 걸치고 있어도 남의 옷을 입은 것처럼 태가 나지 않았다.

이야기는 사업상의 고충에서부터 시작해 어느새 선상에서 연일 화제인 문제, 강남 개발까지 이어졌다.

"기후 위기도 기회로 잘 활용해야지요."

요새 박 사장이 추진하고 있는 사업은 서울에 남아 있는 산을 벌목하고 아예 그곳에 새로운 수상 가옥 단지를 개발하는 일이라고 했다. 사람들은 우기 기간에 놀고 있는 땅이 아까워서 견딜 수 없는 모양이었다. 산사태가 일어나 강남의 빈민촌을 덮칠 거라는 전망 때문에 반대하는 여론이 있긴 했으나 어쨌든 통과되리라. 서울이 이 지경이 되고도 땅과 돈은 여전히 중요했으니까.

그런데 그때 임선하 씨가 물었다.

　　"활용이라고요?"

그리고 무어라 욕을 했는데, 뒷말은 임선하 씨와 가까이 있던 나만 들은 듯했다. 내가 잠시 생각에 잠긴 사이 어느새 게임이 끝났다. 이번 판의 승리자는 박이주 사장이었다. 선상 카지노에서 칩은 돈이 아니다. 칩으로 얻을 수 있는 건 이 크루즈에 머물 수 있는 숙박권이었다.

카드를 회수해 다시 섞는 사이 박이주 씨가 기분이 좋은지 웃으며 이 테이블에 앉은 모두에게 술을 한 잔씩 돌렸다. 내게도 한 잔 권했으나 나는 일하는 중이라고 정중히 사양했다.

다음 판에도 박이주 씨가 간단히 승리했다. 오늘은 어쩐지 손에 카드가 잘 붙는 날이군. 박이주 씨가 그렇게 말하자 염주은 씨가 따라 웃으며 말했다.

　　"그러면 이번엔 내가 한 잔 살까?"
　　"당신이 왜?"
　　"다음 판은 내가 좀 이겨보려고요."

내가 당신을 한 번이라도 이겨본 적이 있어야지. 그렇게 말한 염주은 씨는 이번에는 보드카를 석 잔 주문했다. 술잔이 몇 순배 돌며 분위기가 한껏 떠들썩해졌다. 그러나 다들 술을 잘하는 것은 아닌지 자리는 얼마 지나지 않아 파했다. 가장 먼저 항복을 외친 건 임선하 씨였다. 뒤이어 염주은 씨가 박이주 씨를 데리고 선실로 향하는 것을 보았다.

나는 비어 있는 자리를 잠시 지키고 있다가 퇴근했다. 갑판 위로 나가자 서늘한 바닷바람이 불어왔다. 곧 비가 오려는지 습기를 잔뜩 머금은 바람이 묵직하고 습했다.

몰래 담배를 한 대 피우고 들어갈 생각으로 갑판 구석을 찾아 들어갔다.

그런데 그때 무언가가 풍덩, 하고 깊은 물속에 빠지는 듯한 소리가 들렸다. 크루즈 가장 꼭대기 층에 있는 풀장에서 난 소리 같기도 했다. 이 시간에 누가 술 처먹고 수영장에 몸을 날린 건지. 마음 같아서는 모른 척하고 싶었지만, 이 여객선에 고용된 입장에서 손님의 비행을 모른 척할 수는 없었다. 이제 막 불을 붙이려던 담배를 주머니에 도로 넣고 풀장 쪽으로 향했다. 그러나 불이 다 꺼진 풀장엔 지나가는 개미 한 마리도 보이지 않았다. 나는 갑판 위를 마저 한 바퀴 돌았다. 그리고 갑판 구석에 떨어져 있는 카지노 칩을 하나 주워서 방으로 돌아갔다. 임선하 씨는 변기를 토사물 범벅으로 만들어놓은 채 잠들어 있었다.

이튿날 아침, 박이주 씨가 사라졌다는 소식이 배를 발칵 뒤집어놓았다. 여객선 내 직원들과 가드들, 그리고 투숙객까지 모든 인원이 총동원돼서 사라진 박이주 씨를 찾았지만, 어느 선실에서도 그는 발견되지 않았다.

그사이 나는 세수를 하고 옷을 갈아입었다. 지난밤 박이주 씨가 마지막으로 만난 것이 하필 나와 임선하 씨, 염주은 씨라 이미 한 차례 우리를 조사하러 직원들이 왔다 간 참이었다. 임선하 씨는 침대에 드러누워 담배를 피우고 있었다. 그때 갑자기 바스락거리는 소리가 들리더니 우리 객실 문 밑으로 편지한 통이 쑥 들어왔다. 곧바로 문을 열고 주변을 둘러보았지만 역시나 아무도 없었다.

편지는 임선하 씨에게 온 것이었다. 봉투 위에 이름이 가지런히 쓰여 있었다. 나는 편지를 임선하 씨에게 넘겨주었다. 그러고 나서 주머니에 든, 피가 말라붙은 카지노 칩을 손으로 굴려보았다.

임선하 씨는 싱거운 표정으로 내용을 훑어보더니 다 읽고 나서 편지를 봉투째로 불태웠다. 덕분에 나는 그 내용이 무엇인지 영영 알 수 없게 되었다. 임선하 씨는 담배 연기를 후, 뱉으며 중얼거렸다.

　　"호기심이 지나치면 위험해져요."

주머니에 든 것이 무엇인지 알고 있는 듯한 말투였다.

　　"무슨 말인지 모르겠는데요."
　　"눈치가 빠른데 모르는 척은. 뭐, 앞으로도 계속 그렇게만 해줘요. 그러면 별일 없을 테니까. 그거 알아요? 염주은 씨의 아들은 산사태로 죽은 거. 그 양반은 원래 강남 출신이거든요."

그 말을 내게 왜 해주는 걸까. 지난 며칠간 내가 관찰해온 임선하 씨와는 전혀 다른 말투와 태도였다. 임선하 씨의 얼굴을 한 쌍둥이 형제 같기도 했다. 어쩐지 이 임선하 씨와는 이야기가 잘 통할 것 같았다. 나는 딴청을 피우며 물었다.

　　"그쪽은 뉴욕 태생이라면서요?"
　　"태어나서 인천 밖으로는 나가본 적도 없어요."
　　"그러면 이번이 첫 여행이 되겠네요. 나도 강남 빈민촌 출신이라 이번이 첫 크루즈 여행이에요."

그 말에 임선하 씨는 작게 웃음을 터뜨리며 중얼거렸다.

　　"진짜 서울 난민이 여기 있었네."

그 순간 나는 임선하 씨가 그렇게 싫지만은 않았다. 카지노 칩을 쥔 손을 임선하 씨를 향해 내밀었다. 그러자 임선하 씨가 내 손을 마주 잡았다. 우리는 서로의 손을 잠시 붙잡았다가 가볍게 떨어뜨렸다.

윤이안
2016년 단편소설 <사랑 때문에 죽은 이는 아무도 없다>로 등단했다. 기후 위기라는 '거대한 변화'에 맞서 주인공이 '작은 변화'를 일으키는 미스터리 장편소설 «온난한 날들»을 썼다.

66

여름맞이 안전 유의 사항

99

공고번호 30-01-01	# 여름맞이 안전 유의 사항 http://리버사이드아파트.com	게시기한 2030.04.01 ~ 2030.10.01

안녕하세요, 입주민 여러분. 안전대책위원장입니다. 올해 기상청 공식 발표에 따르면 4월 1일부터 평균기온이 35℃를 넘을 예정으로, 여름철 전기 요금 산정 기준에 따라 전기 요금이 부과됩니다. 이에 착오 없으시기를 바랍니다.

아울러 우리 리버사이드 아파트 안전대책위원회에서는 예년과 같이 여름을 맞아 입주민 여러분의 쾌적하고 안전한 생활을 위한 유의 사항을 공고합니다. 리버사이드 아파트는 지난 5년 동안 서울시 주거환경부에서 시행하는 에너지 절약·실천 우수 단지 선정 사업에 2회 선정되는 쾌거를 누려왔습니다. 입주민 여러분께서는 리버사이드 아파트의 빛나는 이름을 지키고, 여러분 자신의 안녕을 위해 아래 유의 사항을 주의 깊게 읽으시고 관련 내용을 숙지·실천해주시기를 바라는 바입니다. 입주민 여러분의 많은 협조, 양해 부탁드립니다. 감사합니다.

- 유 의 사 항 -

☐ 에어컨에 온도 감지 똑딱이를 달아주세요. 똑딱이는 관할 구청 및 동사무소 원스톱 서비스에서 쉽게 발급받으실 수 있습니다. 현재 우리 단지의 똑딱이 보급률은 81%로 나타나는데, 이는 작년 기준 지역 최고 수준이었으나 현재는 5위입니다. 입주민 여러분의 긴밀한 협조 부탁드립니다.

☐ 에어컨 온도를 24℃ 아래로 낮추지 마세요. 2028년도 이후에 생산된 에어컨에서 24℃ 미만의 온도는 표기상으로만 존재합니다. 그러나 똑딱이는 감지합니다.

☐ 3070 국제기후협약에 따른 실내 온도 및 전기차 충전 규정을 지켜주세요. 불시 검문이 있다는 소문입니다. 특히 전기차 과충전에 관한 규정이 신설되었으니 참조해주세요.

☐ 해외여행 짝홀제 시행에 따라 작년 해외여행 기록이 있는 사람은 해외 항공 이용이 제한됩니다. 적발 시 거주 구역 전체에 벌점과 고지가 있다고 하니, 비즈니스에 따른 출장일 경우에는 확인서를 반드시 구비해 항공기를 이용하시기 바랍니다.

리버사이드 아파트 안전대책위원회

□ 창문과 방충망을 점검하세요. 날치는 방충망을 찢고 집 안으로 들어올 수 있습니다.

□ 일반적인 방충망은 날치에게 찢길 수 있습니다. 안전대책위원회에서 제공하는 특수 방충망을 설치하시는 걸 강력히 권합니다. 날치의 날개와 비늘에는 호흡기에 유해한 성분이 있음을 명심하십시오. 특수 방충망의 가격은 설치 서비스를 포함해 금오십사만원정입니다.

□ 단지 1~3층에 거주하는 분들께서는 밀물 시간대에 아이를 집에 혼자 놔두지 않도록 주의하시길 바랍니다. 미닫이창은 내부와 외부 압력 차이가 있어도 쉽게 열립니다.

□ 밀물 시간대에 창밖으로 쓰레기 무단 투기를 하지 마시기 바랍니다. 쓰레기가 쓸려나가지 않고 모두 바닥에 남습니다.

□ 사이렌은 딱 한 번만 울립니다. 사이렌을 들으면 곧바로 자택에 들어가십시오. 자택과의 거리가 멀다면 금룡상가 옥상에 마련된 대피소를 이용하실 수 있습니다.

□ 단지 내 낚시는 불법일 뿐만 아니라 위험합니다. 적발 시 최대 500만 원의 벌금형에 처할 수 있습니다. 아울러 감전 위험도 있습니다.

□ 단지 내 금연을 지켜주세요. 특히 장마 기간 및 밀물 때의 흡연으로 인한 민원이 많습니다. 우리 단지는 환경부 권고 사안에 따라 단지 내 전 구역 금연임을 명심해주십시오. 특히 옥상에서 흡연을 하고 밀물에 담배꽁초를 버리는 행위를 상습적으로 행하시는 분이 몇 분 계신데 앞으로 삼가시기를 바랍니다.

□ 금년 장마 기간은 6월 10일부터 6월 30일까지, 그리고 9월 3일부터 9월 14일까지 총 두 차례로 예상됩니다. 비축 식량 및 생활필수품을 단지 차원에서 공동 구매할 예정입니다. 공동 구매 참여 및 문의는 010-12XX-34XX로 부탁드립니다.

□ 강우에 따른 외출 불가 확인서는 안전대책위원회에서 발급받을 수 있습니다. 물론 입주민 여러분께서도 아시다시피 외출 불가 확인서를 모든 회사와 학교에서 채택하는 것은 아니므로 물리적 출근 혹은 출석을 하셔야 하는 입주민께서는 장마 기간 임시 거처를 찾으시는 것을 추천드립니다.

리버사이드 아파트 안전대책위원회

□ 간혹 사체나 수상한 물건이 단지 내로 흘러 들어올 수 있습니다. 절대 경찰에 신고하지 마십시오.

□ 밀물 시간대 및 장마 기간에는 지하 주차장이 폐쇄됩니다. 유의하시어 차량 이용이 필요한 입주민께서는 차를 미리 다른 지역 공영 주차장에 옮겨두시는 것을 추천합니다.

□ 절대 차량을 지상에 주차하시면 안 됩니다.

□ 장마 기간에 의료 비상사태가 발생할 경우 119로 신고하신 후 장마 침수 지역이라는 사실을 먼저 말씀하시면 신고와 동시에 출동 준비가 시작되어 빠른 서비스를 받으실 수 있습니다.

□ 밀물 혹은 장마 이후 지면에 해파리가 다수 남아 있을 수 있습니다. 해파리는 사후에도 촉수에 독을 보유하고 있는 경우가 많고 종종 독을 발사하기도 하므로 해파리 발견 시 신고만 하시고 절대 직접 치우지 마십시오.

2030년 4월 1일

리버사이드 아파트
안전대책위원회장 (인)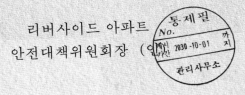

◆ 재개발 우선 택지 선정이 올해 시행될 예정이라고 합니다. 에너지 절약·실천 우수 단지 선정 사업에 선정될 경우 가산점이 있다고 하니 입주민 여러분의 적극적인 참여를 부탁드리는 바입니다. 언제까지 여기 살 순 없잖아요, 우리. 제발 협조합시다.

◆◆ 자세한 사항이나 궁금한 사항이 있으시면 안전대책위원회로 문의하시기 바랍니다.

리버사이드 아파트 안전대책위원회

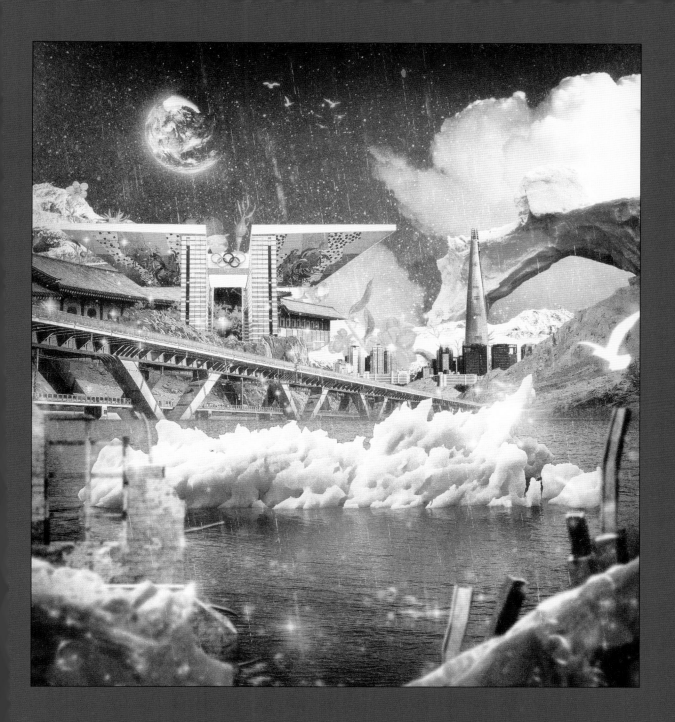

서윤빈
2022년 <루나>로 제5회
한국과학문학상 중·단편 대상을
받았다. 자율주행자동차 상용화
시대, 유전자 조작 아이들만 존재하는
세계 등 다양한 과학기술이 몰아치는
시대를 배경으로 한 소설집 «파도가
닿는 미래»를 썼다.

이런 마음으로
그림을 그렸습니다

ILLUSTRATOR. 도요 작가

오마이걸, 권은비 등 아이돌 앨범 커버 디자인부터 전시·잡지 삽화 작업, 다양한 브랜드와 협업하는 등 지금 가장 주목받는 콜라주 아티스트. 주변에서 직접 보고 접할 수 있는 요소들을 활용해 아트워크를 만들지만, 그 기저에는 평범한 대상에서 길어 올리는 기발한 상상과 도발적인 질문들이 깔려 있다. 개인전 <Doyo with Artsquare(다락 SPACE, 2019)>를 열었고, <Shift by YCK(ARTARCH, 2019)> <브랜드의 재해석(아트스퀘어, 2021)> 등의 그룹전에 참여했으며 김기창 소설집 «기후변화 시대의 사랑»의 표지 일러스트를 작업했다. @doyo_95

디지털 콜라주 방식을 통해 앨범 커버나 아트워크 등 다양한 분야에서 활동하고 계신데요, 기후 위기와 관련한 작업을 한 소감이 궁금합니다. 민감하거나 어렵게 느껴지지는 않았나요?

꼭 그렇지는 않았어요. 저희 동네가 작년 폭우에 큰 피해를 본 곳이거든요. 그래서 기후 위기에 대한 경각심을 체감하고 있었고, 또 이에 대한 생각을 지속적으로 해오고 있었습니다. 때마침 <일점오도씨>와 함께 작품을 통해 기후 위기에 대한 제 목소리를 낼 수 있는 좋은 기회가 생겼다고 느꼈어요. 이 때문에 나름의 책임감을 가지고 작업했던 것 같습니다.

'서울' '기후 위기' '근미래'라는 키워드를 제안받았을 때 어떤 이미지가 가장 먼저 떠올랐나요?

2020년 한강 침수, 그리고 제가 겪었던 2022년 폭우로 범람하던 서울 이미지가 떠올랐습니다. 저는 단순히 장마전선 때문이라고 생각했는데, 나중에 찾아보니 지구 기온이 많이 올라가서 수증기가 많이 늘었고, 결국 이 때문에 국지성 폭우가 쏟아진 것이라고 하더라고요. 우리가 정말 기후 위기와 직접적으로 맞닿아가며 살아가고 있구나 싶어서 기억에 남았습니다.

공간적 배경이 '서울'로 국한된 작업이었어요. 직접 거주하는 친숙한 도시이면서도 국제적으로 탄소 배출 문제에 큰 책임을 갖고 있는 도시라는 요소가 작업에 영향을 주었을 것 같은데요, 기존 작업과 다른 부분이 있었을까요?

기존의 제 작업물은 시각적으로 아름답게 보이는 것에 신경을 많이 쓰는 편인데요, 이번 작업에서는 이러한 욕심을 덜어내고자 노력했습니다. 빙하가 서울을 감싸고 있고, 하늘은 탁하기 그지없는가 하면 추적추적 비까지 떨어지지요. 저의 기존 작업물이 가지고 있는 특색을 살리면서도 보다 경각심을 줄 수 있는, 뜯어보면 볼수록 마냥 예뻐 보이지만은 않는 서울의 이미지를 표현해보고 싶었습니다.

이번 작품을 통해 독자들에게 전하고 싶은 게 있다면요?

우리가 살아가는 도시인 서울을 배경으로 만든 만큼, 기후 위기를 좀 더 실제적으로 느꼈으면 하는 마음이 큽니다. 작년 폭우처럼 우리가 이미 그 영향 아래에서 일상을 살아가고 있다는 것을요. 기후 위기에 대처하는 가장 우선적인 방법은 이러한 사실을 인지하는 것부터라고 생각해요. <일점오도씨>와 함께한 작품을 통해 많은 사람이 기후 위기를 조금이나마 더 가깝게 인지했으면 하는 마음이 가장 큰 것 같습니다.

그런 부분을 전하기 위해 새겨놓은 디테일을 귀띔해준다면요?

아직도 기후 위기가 먼 훗날의 일이라고 생각하거나, 조금은 가볍게 생각하는 분들이 계시더라고요. 그래서 작품 속에서 빙하와 서울 사이에 약간 거리감을 주어 어딘가 방관하는 듯한 느낌이 들도록 했습니다. 하지만 전체적으로 보면 이미 서울은 여러 기후 위기 징후 속에 둘러싸여 있음을 알아차리게 되죠. 그럼에도 아름다운 새를 그려 넣는 등 너무 비관적이지만은 않게 희망에 대한 기대도 곳곳에 담아두었답니다.

벚꽃 없는 벚꽃 축제, 이래도 모르시겠어요?

FOCUS

EDITOR. Sumi Kim

기후 위기라고들 하지만
잘 모르겠다. 서울에도
가끔 이상한 날씨들이 있긴
하지만, 지나고 나니 또
아무렇지 않은 것 같다.
그런데 최근의 이상기후들을
한데 모아보니… 정말
이대로 괜찮은 거 맞나?

JUL-24-2021

수온 펄펄,
물고기 집단 폐사

수온 상승으로 물고기의 떼죽음이 연이어 발생했다. 이날 송파구 장지천에서는 붕어 등 물고기 400여 마리가 무더기로 죽었다. 당시 수온은 31.8℃였다. 이보다 앞선 15일에는 구로구 목감천에서 잉어 등 물고기 30여 마리가 폐사했는데, 당시 수온 역시 32.5℃였다. 서울시 보건환경연구원이 발표한 '1994~2021년(28년간) 한강 수온 측정 자료'에 따르면 7월 한강 평균 최고 수온이 26.7℃였는데, 이는 과거 27년간의 7월 평균 최고 수온보다 2.6℃ 높은 수준이며, 지천에서는 30℃를 넘기도 했다. 한강이나 지천에 많이 서식하는 잉어가 더는 살 수 없는 '한계 수온'이 32℃ 정도라는 점을 생각하면 심각한 수치다.

JUN-27-2022

사상 첫
6월 열대야

열대야는 오후 6시 1분부터 이튿날 오전 9시까지 25℃ 아래로 기온이 내려가지 않을 때를 말한다. 기상청에 따르면 일 최저기온이 25.4℃를 기록한 이날, 서울은 사상 처음으로 6월 열대야를 겪었다. 서울뿐만 아니라 경기 수원, 강원 춘천 등 13개 지역에서도 사상 첫 열대야를 기록했다. 때 이른 폭염과 열대야로 인해 상반기 전력 거래량이 26만9432GWh를 기록했는데, 이는 역대 최악의 폭염이 덮쳤던 2018년 상반기 기록을 넘어선 수치다. 무더위가 빨리 찾아오고 기간이 길어짐에 따라 온열 질환자 발생 또한 증가하는 추세다. 중국 상하이 푸단대학교 공중보건대학원 연구팀은 더운 밤의 발생 빈도와 사망률 위험 증가 사이에 뚜렷한 관련성이 있다는 연구 결과를 발표했다.

한겨레신문 기사 캡처

연합뉴스TV 뉴스 갈무리

AUG-08-2022

괴물 폭우의
도시 습격

서울에서 기상 관측을 시작한 1907년 이래 105년
만에 최고 강수량을 기록한 날, 동작구에만 하루 동안
381.5mm의 폭우가 내렸고, 강남구와 서초구 지역에도
시간당 100mm 이상의 비가 쏟아졌다. 기후 위기가
초래한 폭우와 과거 기상 현상을 기준으로 한 대응책이
엇박자를 일으켜 더욱 많은 피해를 키웠다. 강남 지역의
시간당 최대 강우 처리 용량인 85mm를 훌쩍 넘어선
폭우로 인해 코엑스 지하 주차장, 고속버스터미널 일부
지하상가, 아파트 지하 주차장에 물이 차 올랐다. 방배·
사당·이수·동작 등의 일부 지하철역이 폐쇄됐으며,
서울에서만 여덟명이 목숨을 잃었다. 기상청의 «장마백서»
에 따르면 1990년 이후 20년간, 12시간 동안 150mm
이상의 폭우가 쏟아지는 빈도가 이전에 비해 60%나
증가할 정도로 강수량에 급격한 변화가 있었다. 한편
수도권이 물난리를 겪는 와중에 남부 지방 곳곳은 227.3일
동안이나 타들어가는 가뭄에 몸살을 앓았다.

NOV-11-2022

너무 따뜻한 11월,
괜찮을까?

겨울을 코앞에 둔 서울의 일 최고기온이 22.1°C를
기록했다. 전국적으로도 11월 최고기온 평균이 16.5°C로,
기상 관측망을 전국적으로 확충한 1973년 이후 49년 만에
가장 뜨거웠다. 21일에는 포항에서 진달래가 피었고,
12일에는 강릉과 경주에서 일 최고기온이 25°C를 넘어
11월 극값을 경신하기도 했다.

'불확실성' 부른 기후위기… 기록적 폭우 더 잦아진다

<상> 중부 물폭탄 왜 발생했나

역대급 수증기에 블로킹 맞물려
극한 기상 잦아…돌발성 높아져
변동성만큼 재해 위험도 커져
"단기 관측 예보 정확성 높이되
극한기상 빈도 예측 초점 맞춰야"

▲ 많은 비가 지속되고 있는 9일 오후 전날 밤부터 지속된 폭우로 침수 피해를 입은 서울 서초구 서초대로 일대에 아직 수습되지
못한 침수차량이 방치돼있다. 2022.08.09. 뉴시스

서울신문 기사 캡처

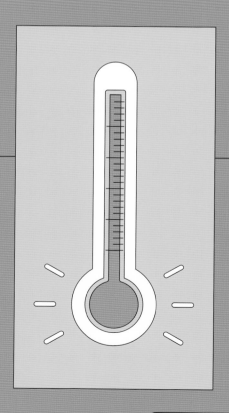

NOV-29-2022

어제는 반팔,
오늘은 패딩

전날 15℃였던 서울 지역 낮 최고기온이 다음 날 영하
1.6℃까지 떨어졌다. 서울의 하루 기온차가 무려 16.6℃
에 달한 것이다. 전문가들은 이와 같은 극단적 기온차가
블로킹현상과 연관이 있다고 분석한다. 중위도 지역에서
기압의 대립으로 인해 동서로 생성되던 편서풍이
정상적으로 흐르지 못하면 남북으로 바람의 이동이
거세지는데, 이러한 구조가 일주일 이상 지속되는 것을
블로킹현상이라고 한다. 극단적 이상기후를 초래하는
블로킹현상의 발생 원인이 기후변화와 관련 있다는 연구가
진행 중이다.

JAN-2023

혹한 is 뉴노멀

지난 1월, 동북아시아에 이례적 한파가 몰아쳤다.
서울 기온이 영하 15℃까지 떨어졌고, 일본에서는
10년 만에 전국적인 최저기온으로 인해 네 명이 숨졌다.
중국 헤이룽장성의 모허 또한 기온이 영하 53℃까지
내려가며 역대 최저기온을 기록했다. 대만에서도
이례적으로 눈이 내렸다. 그 원인 중 하나는 동태평양
적도 지역에서 해수면 온도가 평년보다 0.5℃ 이상 낮게
나타나는 라니냐 현상이다. 전문가들은 라니냐가 지구를
냉각시켜 이와 같은 한파가 몰아친 것으로 분석했다.
아울러 극단적 날씨가 기후변화의 신호 중 하나라며 이런
현상이 '뉴노멀'이 됐다고 평가했다.

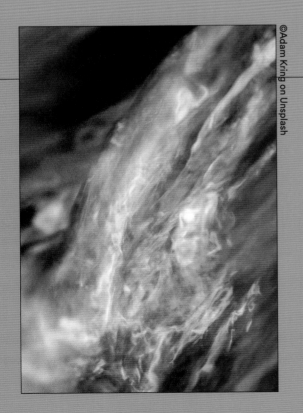

©Adam Kring on Unsplash

©Janis Rozenfelds on Unsplash

MAR-25-2023

역대 두 번째로 빨랐던 벚꽃 개화

서울의 벚꽃이 관측을 시작한 1922년 이래 두 번째로 일찍 피었다. 서울의 대표적 벚꽃 군락 단지인 여의도 윤중로에서는 축제 기간보다 앞서 꽃이 만개해버렸고, 서울뿐만 아니라 전국 각지에서 벚꽃 없는 벚꽃 축제를 치르는 웃지 못할 진풍경이 펼쳐졌다. 개화일은 기온의 영향을 많이 받기 때문에 기후온난화에 따라 차츰 앞당겨져왔다. 특히 매화, 개나리, 진달래, 벚꽃 등 봄꽃들의 개화일은 최근 30년 동안 짧게는 6일, 길게는 21일까지 빨라진 것으로 나타났다. 기상청은 미래 우리나라 기후변화 시나리오에 따른 봄꽃 3종의 개화일을 전망했는데, 현재 수준과 유사하게 온실가스 배출을 지속할 경우, 21세기 후반에는 벚꽃이 2월에 필 것이다. 이러한 현상은 매개 곤충의 활동 시기를 어지럽혀 생태계 교란을 일으키고, 꿀벌 실종과 식량 위기로까지 이어질 수 있다.

APR-02-2023

40년 만의 산불 치른 인왕산

'산불이 나지 않는 곳'으로 알려진 서울 한복판 종로구 인왕산에 40년 만에 화재가 발생했다. 인왕산 정상까지 번진 불은 북악산 산불과 합쳐지며 자칫 커다란 재해로 이어질 뻔했다. 일사불란하게 조치한 끝에 불길은 5시간 만에, 잔불은 25시간 만에 모두 진화되었다. 그러나 식목일을 며칠 앞두고 축구장 21개 넓이의 숲이 잿빛이 돼버렸다. 전문가들은 이 같은 이례적인 '서울 산불'이 기후 위기로 인한 봄철 이상 고온, 가뭄 장기화 등의 영향이라고 진단했다.

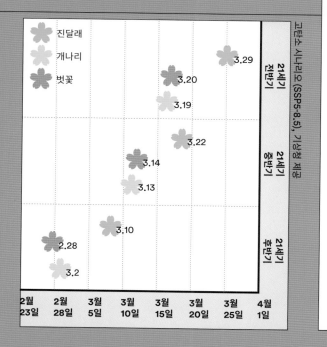

화재 지속 시간
25시간

동원된 진화 장비
207대

투입 소방관, 구청 인력
5131명

동원된 헬리콥터
15대

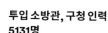
대피
인근 120가구

재산 피해
18억 원

피해 규모
15.2헥타르
*축구장 약 21개 규모

APR-12-2023
서울 황사 위기 경보 '주의'

MAY-2023
도시의 봄을 잠식한 동양하루살이

2023년 4월은 유난히 따뜻했을 뿐만 아니라 황사 또한 잦았다. 국립환경과학원은 연평균 기온이 상승하며 저기압 발생이 늘어났고, 몽골 지역의 사막화로 인해 모래폭풍이 강해지면서 우리나라에 황사 피해가 늘어나고 있다고 분석했다. 2023년 1월부터 4월 12일까지 서울에서 황사 관측 횟수는 16차례로, 지난해보다 4배 증가한 수치다.

5월 들어 서울과 경기 일부 지역에 동양하루살이가 대거 출몰했다. JTBC 보도에서는 기자가 강한 조명 아래 10분가량 서 있자, 동양하루살이 수백 마리가 기자의 머리부터 발끝까지 빼곡하게 달라붙은 모습이 공개되기도 했다. 미관상 불편감을 주지만, 동양하루살이는 입이 퇴화해 사람을 물거나 감염병을 옮기지는 않는다. 물고기나 새한테는 훌륭한 먹잇감이기 때문에 한강 주변 도심에서 동양하루살이의 출현은 한강 생태계가 건강하다는 증거로 해석되기도 한다. 그러나 이 같은 이례적인 대량 발생은 가물고 기온 높은 날이 이어지면서 강의 수온이 상승했기 때문인 것으로 알려졌다.

ⓒ taylorandyumi on Wikimedia Commons

JTBC 뉴스갈무리

벌레들의 북상, 기후 감염병과 재해 확산

국내에 서식하지 않는 흰개미가 강남의 한 가정집에서 최초로 발견됐다. 인체에는 해를 끼치지 않지만, 나무를 갉아먹어 '목조건물의 저승사자'로 불리는 이 벌레는 열대지방의 목재를 수입하는 과정에서 들어왔을 가능성이 있지만, 지구온난화 때문일 것이라는 분석도 제기됐다. 기온 상승으로 인한 해충들의 영역 확장은 어제오늘의 일이 아니다. 치명적인 질병인 '쓰쓰가무시'를 옮기는 털진드기는 충청과 남부 지방에 주로 살았으나 2013년 이후 수도권과 휴전선 부근에서도 발견됐다. 뎅기열과 지카바이러스를 옮기는 흰줄숲모기 또한 따뜻해진 기온 때문에 개체군의 연속성이 늘어났고, 이로 인해 질병 전파 위험 또한 커졌다.

폭염 사망 vs 호우 특보, 반으로 나뉜 서울

서울 전역에 폭염 경보가 내려진 가운데 일부 지역에 시간당 80mm에 육박하는 게릴라성 폭우가 쏟아져 지하철 1호선 일부 지상 구간이 한때 운행을 멈췄다. 반면 노원·중랑·강남·서초·송파구에는 전혀 비가 내리지 않았다. 이와 같이 폭염과 폭우가 겹치는 기상 이변은 온실가스 증가 때문이다. 가뜩이나 습한 여름철에 지구온난화의 영향으로 더 많은 수증기가 공기 중에 돌아다니면서 나타나는 현상인 것이다. 햇볕에 달궈진 지열이 구름 안에서 빠져나가지 못하는 사이, 짧은 시간 폭우가 쏟아지면 습도를 높여 더욱 극심한 찜통더위를 만든다. 이로 인한 온열 질환 추정 사망자도 속출하고 있다.

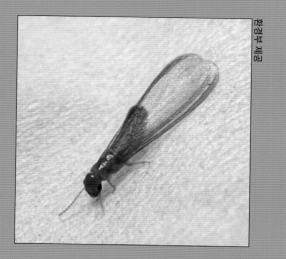

환경부 제공

노컷뉴스 기사 캡처

SEOUL'S CLIMATE CRISIS RESPONSE REPORT CARD

서울시 기후 위기 대응 성적표

서울시의 기후 위기 대응 성적표를 수치로 나타내면 어떻게 될까? 도쿄, 베이징, 뉴욕, 베를린, 런던, 파리 등 해외 주요 도시와 비교해 알아본 서울의 탄소 절감 실태.

NUMBERS

EDITOR. Seohyung Jo / Illustrator. Jaeha Kim

Cities	Ratio
New York	29.1%
London	31%
Madrid	39.6%
Amsterdam	19.4%
Tokyo	11.5%
Copenhagen	60%
Beijing	16%
Seoul	8.2%

온실가스 감축 진행 정도

서울만 한 자릿수로 꼴찌!

'지속 가능한 발전'이라는 개념은 브라질 리우정상회담(1992)을 계기로 교토의정서(1997), 파리기후협약(2016)을 거치며 세계적으로 공유되었다. 오늘의 서울은 지난날보다 얼마나 나아졌을까? 1990년부터 2020년까지 서울의 온실가스 배출량 최고점과 최저점을 비교해보았다. 서울이 가장 많은 온실가스를 배출한 해는 2007년으로 5008만 톤에 달했다. 2019년과 비교하면 8%가 적은 수치다. 잘한 걸까? 서울하고 비슷한 인구를 가진 런던과 비교해보았다. 런던의 탄소 배출량이 가장 높았던 때는 2000년으로 5110만 톤을 기록했고, 그 이후 38.9%까지 줄어들었다. 런던은 2009년에 세운 탄소 배출량 20% 감축 목표를 이미 11%나 초과해 이뤄냈다. 서울은 2007년에 탄소 배출량 목표를 세웠으나 '2020년까지 탄소 배출량 1990년 대비 25% 감축'을 여전히 달성하지 못한 상태다.

온실가스 감축 진행 정도에서 해외 주요 도시는 대부분 두 자릿수 감축률을 보인다. 코펜하겐 60%, 베를린 41.1%, 마드리드 39.6%, 뉴욕 29.1%, 암스테르담 19.4%, 도쿄 11.5%. 심지어 베이징마저 16%를 달성했다. 8.2%라는 빈약한 한 자릿수를 기록한 도시는 서울뿐이다. 국가 탄소 중립을 위해 대도시의 탄소 중립은 필수다. 대도시에는 인구와 경제활동이 집중되어 절대적 탄소 배출량이 많고 상징적인 의미도 크다. 서울이 목표치를 제시해놓고 대수롭지 않게 여기는 사이 세계 각국의 주요 도시들은 성실하게 계획하고 부지런히 실천해냈다. 서울은 그동안 달성하지 못한 온실가스 감축량만큼 2050년까지 더 급격한 감축 노력이 필요하다.

서울의 미세먼지 농도,

한국은 미세먼지에 관심이 많다. 미국과 캐나다가 대기오염 정책의 일환으로 미세먼지를 다루는 반면, 한국은 미세먼지만을 대상으로 제정한 법과 홍보 자료로 갖추고 있을 정도다. 이는 한국이 세계의 주요 도시에 비해 미세먼지 농도가 높기 때문이다. 2020년 자료를 기준으로 서울의 연평균 미세먼지 농도는 35㎍/㎥. 세계보건기구(WHO)가 제시하는 기준 15㎍/㎥에 비하면 2.3배나 높다. 9㎍/㎥인 런던의 3.8배, 10㎍/㎥인 파리의 3.5배에 해당한다. 이를 대륙의 문제만으로 돌릴 수는 없다. 다른 아시아 도시와 비교해도 도쿄 13㎍/㎥, 싱가포르 11㎍/㎥로 서울이 훨씬 높다. 2018년 환경부에서 발표한 자료에 따르면 수도권의 고농도 미세먼지 발생 원인은 최대 62%가 국내에 있는 것으로 나타났다.

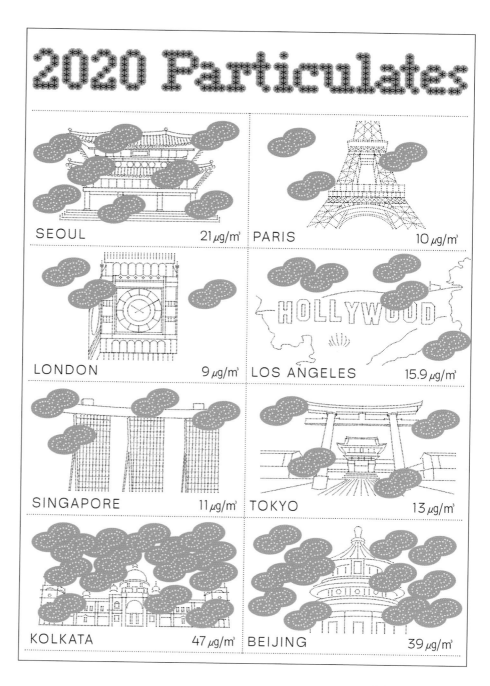

SEOUL

SHEN
ZHEN

TOKYO

서울의 인구밀도는 15,973명/km²

2022년 4월 기준 서울의 인구밀도는 제곱킬로미터당 1만5973명이다. 서울과 면적이 비슷한 도쿄는 6401명/km²으로 서울이 2.5배나 많다. 중국에서 인구밀도가 가장 높다는 선전의 경우도 8652명/km²으로 서울의 절반 수준이다. 서울의 인구밀도는 5598명/km²인 런던의 2.8배, 3926명/km²인 상하이의 4배에 달할 정도로 조밀하다. 한편 전 세계에서 인구밀도 1위는 마카오로 2만700명/km² 수준이다. 많은 인구수는 그만한 교통량을 동반한다. 교통 혼잡에 따른 차량 운행과 시간 가치 손실을 계산한 2018년 서울의 교통 혼잡 비용은 약 13조원에 달했다. 수도권까지 합하면 35조 원에 이르는 비용이며, 이는 전국의 절반 이상을 차지하는 수준이다. 2022년 서울의 일평균 교통량은 996만5000대로 전 해에 비해 0.3% 증가했다. 이 밖에도 높은 인구밀도에는 막대한 양의 쓰레기 배출과 식량·에너지 소비 등이 뒤따른다. 서울의 인구밀도는 1992년 1만8000명/km²으로 정점을 찍은 후 지속적인 감소 추세를 보이고 있다.

최근 20년간 에너지 소비 추이 모두가 감소하는 중에

한국만 증가!

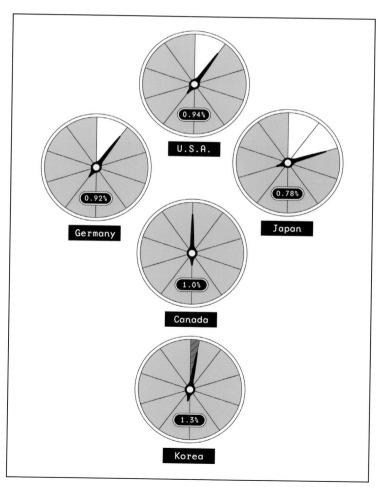

경제협력개발기구(OECD)는 2000년부터 2020년까지 20년간 주요국 1인당 에너지 최종 소비 추이를 계산했다. 그 내용을 들여다보면 한국은 1.3% 증가한 반면, 캐나다 1%, 미국 0.94%, 독일 0.92%, 프랑스 0.85%, 일본 0.78% 등 주요국 모두가 감소 추세를 보였다.

전 세계 에너지 최종 소비량 95억7300만toe(1toe=1000만kcal) 가운데 OECD 국가는 3분의 1이 넘는 35억3600만toe를 소비한다. 이 중 한국은 3억900만toe를 소비하고 있다. 한국의 일차에너지 공급량은 세계 9위이고 최종 에너지 소비는 10위 수준이지만, 이를 1인당 수치로 분석하면 각각 3, 4위에 해당한다. 한국의 GDP당 에너지 공급량은 GDP 상위 국가 중 네 번째로 많다. 이는 생활수준에 비해 우리의 에너지 효율이 낮음을 나타낸다. 서울은 한 해에 534만MWh의 전기를 생산하고 4729만MWh를 사용한다. 전력 자립도가 고작 11.2%에 머무르기 때문에 에너지 절약, 효율성 제고 및 재생에너지로의 전환 등에 대한 고민이 더욱 절실하다.

서울 시민의 1인당 생활 폐기물 10,853톤

대한민국 평균의 2.47배!

2022년 기준 서울에서는 매일 1만853톤의 생활 폐기물이 나왔다. 이는 주민 한 명이 1년간 1.1톤을 배출하는 양이다. 배출량이 가장 많은 강서구의 경우 1인당 3.55톤의 쓰레기를 버린다. 우리나라 전체 평균 1인당 생활 폐기물 발생량이 439kg인 것에 비하면 서울 사람은 2.5배가량의 쓰레기를 더 버리는 셈이다. 서울에서는 매일 16억 원 정도를 쓰레기 처리 비용으로 쓴다. 단지 돈 문제만이 아니다. 쓰레기 1톤을 태우면 1.1톤의 이산화탄소가 대기로 방출된다. 이는 전력 생산을 위해 배출하는 탄소 집약도의 2배에 해당한다. 1인 가구 증가로 인한 소비 습관 변화와 고령화, 재개발 등 사회적 이슈 역시 쓰레기 문제에 영향을 미치고 있다. 해마다 폐플라스틱, 음식 폐기물, 의료 폐기물과 건설 폐기물까지 발생량이 느는 추세이기 때문. 서울의 폐기물 처리 능력은 한계에 다다르고 있다. 중국과 동남아시아 같은 국가에서 폐기물 수입을 중단했으며, 전국 폐기물 매립 시설의 3분의 1은 2023년에 사용 기간이 만료된다. 그렇다고 해서 폐기물 처리 시설을 새로 짓는 일도 쉽지 않다. 쓰레기 매립지에서는 이산화탄소보다 35배 강력한 온실가스인 메탄이 발생해 지역민의 건강을 위협한다. 폐기물 처리 문제에서 가장 중요한 것은 배출 자체를 줄이는 것이다.

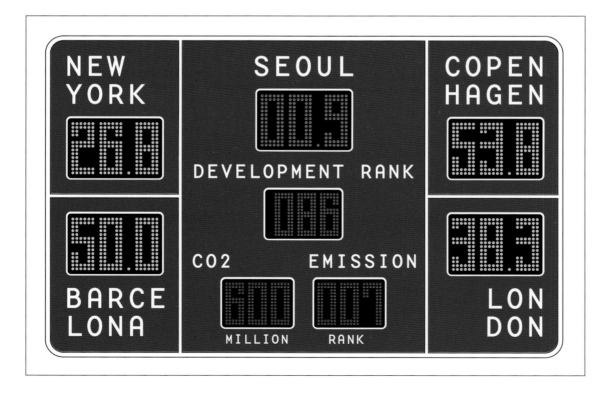

서울의
재생에너지 비율

1%에도 못 미치는 독보적 꼴찌!

서울은 외국 라이프스타일 잡지에서 특집 주제로 다룰 만큼 뜨거운 인기를 누리고 있는 도시다. 이런 서울이 OECD 국가 주요 도시 중 독보적인 꼴찌 자리를 27년째 지키고 있는 분야가 있다. 재생에너지 발전 비중이다. 서울은 2020년 4579만MWh의 전력을 사용하면서 0.9%에도 못미치는 41만MWh의 전력만 재생에너지로 발전했다. 같은 해 기준으로 뉴욕은 26.8%, 바르셀로나는 50%, 코펜하겐은 절반 이상인 53.8%를 재생에너지로 발전해 사용했다. 과연 좁은 국토 면적과 뚜렷한 사계절 등 입지 조건이 불리한 탓일까? 1년 내내 비가 오고 흐려서 일조량이 적기로 유명한 런던의 재생에너지 발전 비중은 서울의 42배에 달하는 38.3%다. 현재 서울이 배출하는 온실가스의 91%는 에너지 소비에서 발생한다. 석유·가스 같은 화석연료가 전체 에너지 소비의 67%를 차지하고 있다. 서울시는 이를 해결하기 위해 2030년까지 신재생에너지 비중을 21%까지 높이겠다고 발표했다. 이는 2023년 기준으로 20배가 넘는 수준이다.

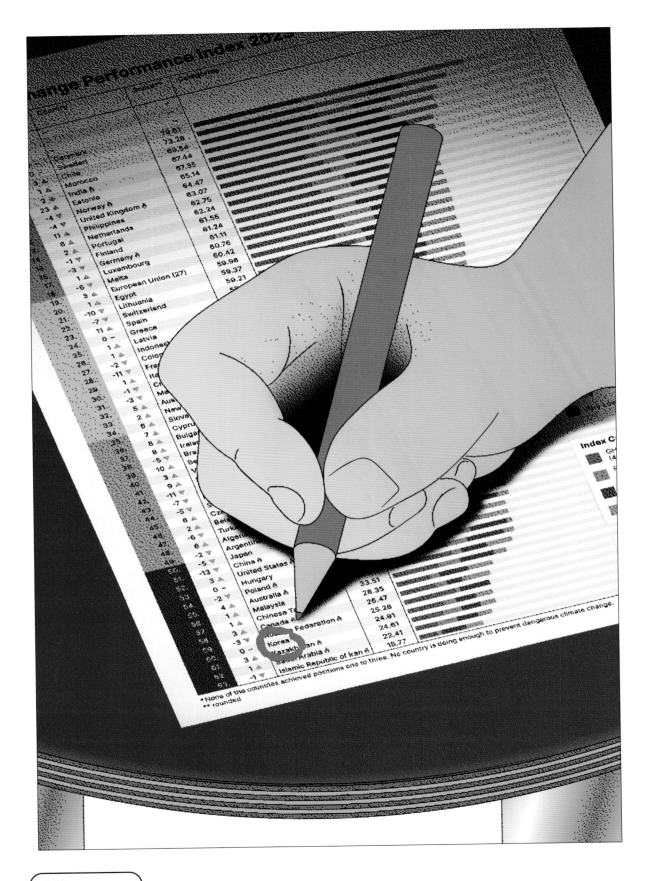

한국의 기후변화대응지수

매우 저조한 24.91점

한국의 국가적 기후 목표와 이행 수준은 국제사회에서 어느 정도 평판을 받고 있을까? 2022년 국제 평가 기관 저먼워치와 기후 연구 단체 뉴클라이밋연구소가 발표한 기후변화대응지수(CCPI)에 따르면 한국은 '매우 저조함(24.91점)'이라는 평가를 받았다. 세계 온실가스 배출의 90%를 차지하는 60개국 중 최하위인 60위다. 이 순위는 최근 4년간 큰 변화가 없었지만, 2022년에 이어 2023년에 가장 낮았다.

CCPI는 온실가스 배출, 재생에너지, 에너지 소비, 기후 정책의 네 가지 부문 점수를 합산해 평가한다. 한국은 '2030 국가 온실가스 감축 목표 상향안' '2050 탄소 중립 시나리오', 국제메탄서약 가입 내용을 반영한 기후 정책 부문에서 '저조함' 평가를 받았으며, 나머지 부문에서는 모두 '매우 저조함' 평가를 받았다. 2030년 재생에너지 발전 비중을 전체의 30%로 상향하겠다고 했으나, 2022년 8월에 공개한 제10차 전력수급기본계획 실무안에서는 이를 21.5%로 낮춰 잡았다. 재생에너지 목표가 후퇴한 것. 이에 한국은 온실가스 감축 노력의 핵심인 재생에너지 보급 목표를 축소해 기후 위기 대응에 역행하고 있다는 비판을 받았다. 보고서는 "기후 위기 대응을 위해서는 한국이 2030년까지 재생에너지 발전 비중을 30% 이상으로 상향하고 석탄 발전을 멈춰야 한다"고 강조했다. 한국보다 나쁜 평가를 받은 나라는 근소한 차이를 보인 카자흐스탄과 사우디아라비아, 이란뿐이다. 한편 종합 3위까지는 기준을 모두 충족하는 나라가 없어 4위 덴마크의 점수가 가장 높았다.

목적지는 2050년, 탄소 중립 서울

FOCUS

EDITOR. Sumi Kim

기후 위기 대응을 위한 서울시의 약속은 앞으로 거대한 변화를 예고한다. 이 정책들은 잘 이뤄질까? 그리고 제대로 탄소 감축 및 상쇄 효과를 낼 수 있을까? 서울시가 경로를 이탈하지 않도록 꼼꼼히 살펴보고, 함께 동참하자!

시민이 일상에서 느끼게 될 정책적 변화입니다

20 23

이제 서울시의 모든 사업은 기후예산제를 따릅니다
→ 시의 예산 사업을 대상으로 온실가스 배출 영향을 평가해 온실가스 감축이 예상되는 사업은 확대하거나 예산 편성에 우선순위를 두고, 다량 배출이 예상되는 사업은 규모를 축소하거나 배출 상쇄 방안을 마련하는 제도. 시의 사업은 시민의 삶과 직결되는 만큼 이로 인한 직간접적 영향이 예상된다. 2022년 서울시 3개 부서를 대상으로 시범 도입한 후, 2023부터 모든 부서에서 본격적으로 시행하고 있다.

20 21

서울 버스, 전기·수소 버스로 환승할게요 → 2021년부터 서울시는 노후한 시내버스의 경우 전기·수소 버스로 교체 의무화를 시행 중이다. 서울시는 2010년부터 전기 버스를 도입해 2022년 말 기준 1000여 대를 보급했으며, 2026년까지 공항버스를 포함해 시내버스 총 1300여 대를 수소 버스로 전환하겠다고 발표했다.

20 25

자전거 출퇴근이 더 편해지도록 → 자전거 통행량 하루 230만 대 달성을 목표로, 도심에서 동서남북을 단절 없이 가로지르는 자전거 간선도로를 623km까지 확대한다.

친환경 차량은 늘리고, 인프라는 넓히고! → 2023년 7월 기준, 서울시에 등록된 차량 약 319만 대 중 전기차와 수소차의 비중은 2.1%인 약 6만9000대다. 서울시는 2025년까지 전기차 20만 대, 수소차 2만4000대 보급을 목표로, 전기차 충전기 20만 기를 구축하고 수소 충전소도 권역별로 확대할 계획이다. 서울시 및 산하기관의 경우, 차량 구매 시 모든 차종을 전기·수소 자동차로 할 것을 의무화하고 있다.

일회용 쓰레기 없는 서울을 위하여 → 2025년까지 포장재 없는 제로 웨이스트 매장을 동별 1개소씩 설치하며, 서울 소재 모든 카페에 다회용 컵 시스템을 구축하겠다고 밝혔다.

탄소 중립 20 50

20 50

내연기관차는 모두 나가주세요
→ 현재 모든 차량은 유종, 연식, 오염물질 배출 정도에 따라 1~5등급으로 분류하고 있다. 이 등급별로 연도에 따라 운행 제한을 추진한 후, 2050년에는 서울시 전역에서 모든 내연기관차의 운행을 제한한다.

20 40

택시에서 배출되는 온실가스, 이제 제로
→ 2040년까지 모든 택시를 전기·수소 등 친환경 자동차로 교체한다.

20 35

잠깐, 내연기관차인가요? 신규 등록 No! 녹색 교통 지역 운행도 No!
→ 서울시는 정부에 자동차관리법 개정을 건의해 2035년부터 내연기관차 등록 금지 시행 근거를 마련할 계획이다. 자동차의 평균 수명 약 15년을 고려하면 2050년 서울에는 내연기관 차량이 거의 남지 않을 것이다. 또한 녹색 교통의 발전과 진흥을 위해 녹색 교통 지역으로 운영 중인 한양 도성 내 16.7km²에서 내연기관차의 통행을 2035년부터 제한한다.

20 26

쓰레기, 더 이상 종량제 봉투째 땅에 묻지 않아요
→ 폐기물은 서울시 전체 온실가스 배출의 약 6%를 차지한다. 그리고 폐기물로 인한 온실가스 발생량의 78%는 쓰레기 매립에서 발생한다. 서울시는 온실가스 감축을 위해 생활 폐기물을 종량제 봉투째 매립하던 기존 방식에서 벗어나 소각할 수 없는 불연성 폐기물만 매립할 계획이다. 2026년까지 생활 폐기물 직매립 제로화를 목표로, 폐기물 발생 자체를 줄이기 위해 재활용·재사용·새활용을 활성화하고, 서울시에서 자체적으로 폐기물을 처리할 수 있는 기반도 확충할 예정이다.

탄소 발생 주범인 건물·에너지, 이렇게 바뀝니다

2023

대형 신축 건축물! 에너지 10%는 태양광으로 직접 만들어 쓰세요 → 2023년부터 서울의 대형 신축 건물은 건축 면적에 비례해 부여한 태양광 설치 의무량에 따라 건물에서 필요한 에너지의 10% 이상을 태양광으로 자급해야 한다. 연차별로 적용 대상 규모와 설치 의무량을 확대할 예정이다.

2024

공공건물과 에너지 다소비 건물에 에너지 효율 등급 인증 실시! → 건물의 설계도서를 통해 에너지 소요량과 이산화탄소 발생량을 평가하고, 에너지 성능에 따라 등급을 나누어 인증하는 제도로, 2022년까지 연면적 1000m² 이상 서울시 소유 건물 401채를 대상으로 시범 실시했다. 2024년까지는 공공건물 및 에너지 다소비 건물을 대상으로 에너지 효율 등급 인증을 실시하고 개선 명령을 하며, 2025년부터는 민간 건물에도 점차적으로 적용할 계획이다.

새로 짓는 공공 건축물이라면? 제로 에너지 건물 인증은 필수 → 제로 에너지 건물은 에너지 효율을 높이거나 신재생에너지 등을 활용함으로써 연간 에너지 소비량과 탄소 배출량이 제로에 근접하는 건축물을 말한다. 서울은 2020년 연면적 1000m² 이상의 신축 공공 건축물을 대상으로 제로 에너지 건물 인증 5등급(에너지 자립률 20~40%) 의무화를 시작해 단계적으로 확대하고 있다. 현재까지 290여 채의 건물이 제로 에너지 인증을 받았으며, 2024년부터는 30세대 이상 신축 민간 공동주택에도 이를 적용하고, 2050년에는 모든 신축 건물을 1등급(에너지 자립률 100%) 수준으로 끌어올리는 것이 목표다.

2020

건물 온실가스 총량제 정식 도입 →
건축물이 배출할 수 있는 온실가스
총량을 정해 이를 지키도록 유도하는
제도로, 서울시는 2022년 지자체 중
최초로 건물 온실가스 총량제 도입을
선언했다. 서울 소재 59만 채의 건물을
용도에 따라 12개 유형으로 분류하고,
온실가스 배출량(2017~2019)을 분석해
표준 배출량을 설정한 뒤 관리한다.
2050년까지 표준 배출 기준 대비 87%를
감축하는 것이 목표다.

탄소 크레디트, 본격적으로 확보 시작 → 탄소
크레디트는 온실가스 배출을 삭감하거나 흡수하는
프로젝트를 통해 그 양을 가치화한 것으로, 기업·단체
등이 탄소 상쇄를 위해 상품처럼 거래할 수 있다.
각 부문별 대책을 통해 2050년까지 서울시에서
감축 가능한 온실가스 배출량은 2005년 배출량
대비 80%이므로, 서울시가 2050년 탄소 중립을
달성하려면 2005년 온실가스 배출량의 20%를
탄소 상쇄를 통해 확보해야 한다. 도시 숲을 조성해
온실가스 흡수원을 확대하고, 2030년부터는 서울
이외의 국내외 지역에서 탄소 상쇄 사업을 진행해
탄소 크레디트를 확보할 계획이다.

**서울 내 건축물, 모두 에너지 효율 등급
인증을 받습니다 →** 건물의 에너지 성능을
종합 평가하는 에너지 효율 등급 인증을
점진적으로 확대해 2050년에는 모든
건축물에 인증 의무화를 시행한다. 저효율
등급 건물은 에너지 효율 성능 개선을
추진하며, 최저 기준 이하의 건물은 부동산
거래를 제한한다.

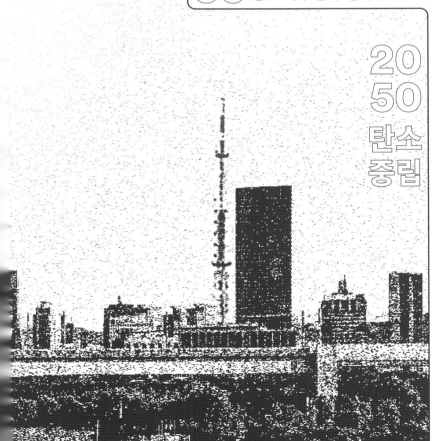

DEBATE OVER THE 2050 SEOUL PLAN

서울시, 2050 탄소 중립 가능?

앞서 살펴본 서울시의 2050 탄소 중립 정책은 계획안이다.
좋은 계획도 중요하지만, 더 중요한 것은 실천. 정책의 실현 가능성에 대해
서울환경연합, 그린피스, <일점오도씨>가 묻고 서울시가 답했다.

FOCUS

Editor. Seohyung Jo

일점오도씨 님이 서울시 기후환경본부 님을 초대했습니다.

안녕하세요, 서울시 기후환경본부죠? 궁금한 게 있어서 연락했어요.
오전 9:35

서울시 기후환경본부

안녕하세요. 네, 물어보세요.
오전 9:35

지금 답변 주시는 분은 누구신가요?
오전 9:36

서울시 기후환경정책과

저는 서울시 기후환경본부 기후환경정책과 직원입니다. 기후환경정책과 외에도 친환경건물과, 친환경차량과, 대기정책과, 녹색에너지과, 자원순환과, 자원회수시설과, 생활환경과 8개 부서에 **258명**의 직원이 있습니다.

□ **조   직**(1본부 1기획관 1단 7과 1반, 38팀 1사업소)

```
                        기 후 환 경 본 부
        ┌───────────────────────┴───────────────────────┐
    환경기획관(공석)                              자원회수시설추진단
 ┌────┬────┬────┬────┬────┐        ┌────┬────┬────┬────┐
 기   친   친   대   녹          자   자   추   생   차
 후   환   환   기   색          원   원   진   활   량
 환   경   경   정   에          순   회   반   환   정
 경   건   차   책   너          환   수              경   비
 정   물   량   과   지          과   시              과   센
 책   과   과        과               설                    터
 과   (5팀) (4팀) (5팀) (5팀)     (5팀) (3팀)         (5팀)
 (6팀)
```
오전 9:36

어떤 분들이 모여 무슨 일을 하고 있죠?
오전 9:38

서울시 기후환경정책과

환경직, 화공직, 전기직 등 전문성을 갖춘 공무원과 일반 행정직이 함께 일하고 있어요. 본부장은 녹색에너지과장, 환경정책과장, 자원순환과장, 서울물연구원장 등 서울시 환경 관련 부서를 두루 거친 환경 전문가시고요. 본부는 기후변화와 미세먼지 등 시민의 일상 속으로 깊숙이 들어온 환경문제를 해결하기 위해 환경 보전 정책을 추진하고 있습니다.
오전 9:38

오전 9:39
기후 위기가 일상이 되었지만, 이를 긴급한 문제로 인식하지 못하고 있는 것 같아 걱정이에요.

서울시 환경협치실천팀

저희 환경협치실천팀은 시민이 참여할 수 있는 사업을 다양하게 추진하고 있습니다. 서울시의 탄소 중립은 시민의 참여 없이는 달성하기 어려운 만큼, 시민과 함께하는 프로그램을 중요하게 생각하고 있습니다.
오전 9:39

오전 9:40
예를 들면요?

서울시 환경협치실천팀

서울시는 **2020년**부터 에너지를 반으로 줄인다는 의미를 담아 실내 냉난방 에너지를 절약하는 '서울e 반하다' 캠페인을 진행해왔어요. 자치구 시민실천단, 기업과 함께하는 제로서울실천단, 제로프렌즈대학생 등 서포터즈를 구성해 제로 웨이스트, 저탄소 식생활, 일회용품 줄이기 등의 실천을 확산하고 있습니다.

오전 9:41

앞으로 예정된 프로그램도 알려주세요.

오전 9:42

 서울시 환경협치실천팀

2024년까지 서울시 전 자치구에 기초환경교육센터를 구축할 예정입니다. 전문성을 가진 환경 교육 기관과 단체를 지정해 양질의 환경 관련 교육을 하기 위해서입니다. 그간 아동을 중심으로 이뤄져온 환경 교육 대상 범위를 평생교육 시설과 연계해 성인 및 기업체로 넓히고 있습니다. 이 외에도 시민의 관심과 참여를 끌어내기 위해 다양한 행사와 캠페인을 진행하고 있습니다.

오전 9:42

저도 참여하고 싶어요. 어떤 것들이 있죠?

오전 9:43

 서울시 환경협치실천팀

매년 **4월 22일** 지구의 날과 **6월 5일** 환경의 날을 맞아 기념행사를 해요. 올해는 패션 산업에서 발생하는 온실가스를 줄이기 위해 '지구에게 아름다운 패션쇼'를 열었는데요, 시민이 모델이 되어 친환경 패션을 입고 런웨이를 걷기도 했어요.

오전 9:43

서울시, 2050 탄소 중립 가능?
👤3

올해 예정된 캠페인도 알려주세요.
오전 9:44

 서울시 환경협치실천팀

기후 위기 대응을 위한 실천을 시작했다면, 에코 마일리지 제도를 활용해보세요. 냉난방 에너지를 절약하고 자동차 주행거리를 감축할 때마다 마일리지를 받을 수 있어요. 최근 **MZ**세대를 중심으로 기후 위기 대응과 친환경 실천이 확산하고 있는데, 서울시도 그에 발맞춰 유튜브 쇼츠 챌린지, 인스타그램 인증샷 이벤트 등을 활용한 홍보를 진행하고 있습니다.

오전 9:44

어떤 행사에 참여할 수 있을지 듣기만 해서는 와닿지가 않네요.

서울시가 비슷한 규모의 해외 도시에 비해 기후 위기 대응이 뒤떨어진다고 들어서

걱정하던 참이거든요.
오전 9:45

 서울시 기후변화전략팀

그건 저희 기후변화전략팀에서 답변드릴게요. 세계 도시들은 각자 자기 생태계에 맞는 기후 위기 대응 정책을 수립해 실행하고 있어요. 서울시는 노후 경유차 운행 제한, 녹색교통지역 지정·운영, 친환경 보일러 보급, 노후 민간 건물의 에너지 효율을 개선하면 무이자로 융자를 제공하는 BRP(Building Retrofit Project) 사업을 선도적으로 시행했습니다.
오전 9:45

일점오도씨 님이 그린피스 님을 초대했습니다.

그린피스

저는 기후 에너지 캠페이너 정상훈입니다. 건물의 에너지 효율 개선 얘기가 나와서 말인데요, 서울시 전체 온실가스 배출의 **68.6%**를 건물이 차지하는 걸로 알고 있습니다. 정책을 통해 서울시의 연도별 온실가스 감축이 어느 정도 가능할까요?

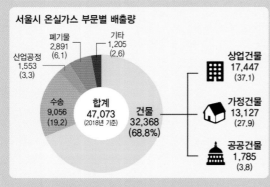

오전 9:46

서울시 기후변화전략팀

서울시의 온실가스 배출량을 살펴보면 특히 건물 부문의 감축이 중요하다는 걸 알 수 있습니다. 서울시는 이를 위해 저탄소 건물 100만 호 전환 계획을 수립해 추진하고 있습니다. 2026년까지 건물 부문 온실가스 **37%**를 감축하는 것이 목표입니다. 다만 민간 건물의 온실가스 감축은 상대적으로 어려운 상황인데, 관련 제도를 강화할 필요가 있다고 생각합니다.

오전 9:46

그린피스

공공, 민간, 상업, 주거 건물별 구체적인 감축 내역이 있는지 궁금해요.

오전 9:47

서울시 친환경건물정책팀

탄소중립기본법에 따라 2032년까지 서울시 온실가스 감축 계획을 수립하고 있습니다. 해당 계획에 구체적인 감축 내역이 담길 예정입니다.

오전 9:47

그린피스

저탄소 건물로 전환하기 위해서는 에너지 효율화뿐 아니라 재생에너지원을 통한 에너지 공급이 함께 필요합니다. EU는 **2026년**까지 모든 공공건물 지붕에 태양광 설치를 의무화했습니다. 서울시는 주거를 포함한 공공·민간 건물의 유휴 부지 활용 재생에너지 정책을 고려하고 있나요? 그렇다면 어떤 방식으로 얼마나 기대하고 있나요? 지금 정책을 보면 제로 에너지 건물에 필요한 에너지량의 **10% 이상**을 태양광으로 자급하겠다는 건데요, 이대로라면 시가 소유하고 있는 공공건물 가운데 몇 퍼센트에 지붕형 태양광 패널 등 재생에너지를 설치해야 하는 건지 그 현황과 계획을 듣고 싶어요.

오전 9:48

서울시, 2050 탄소 중립 가능?
👤 3

 서울시 에너지정책팀

서울시는 건물에 신재생에너지 설치를 의무화해 총 **14만7467개소**의 유휴 부지에 **357MW** 규모의 태양광을 보급했습니다. 앞으로도 화석연료 중심에서 탈피해 지열, 수열, 태양광 같은 다양한 신재생에너지를 보급할 계획입니다.

오전 9:48

 그린피스

민간 건물과 관련한 계획도 있나요? 오전 9:49

 서울시 에너지정책팀

네. 민간 신축 건물의 신재생에너지 의무 설치 비율을 2023년 1000세대 이상 주거 건물 10% 이상, 연면적 10만m² 이상 비주거 건물 14% 이상, 연면적 1000m² 이상 공공 건축물 32% 이상에서 연차적으로 확대해 2030년 이후에는 40% 이상 설치를 의무화할 계획입니다.

오전 9:49

 그린피스

서울시의 건물은 여전히 취사, 난방, 온수 사용을 화석연료에 의존하고 있는데요, 가스보일러, 가스레인지 등에 대한 퇴출 계획이 있는지 알고 싶습니다.

오전 9:50

 서울시 친환경건물정책팀

화석연료 사용을 전기로 전환하면 온실가스 감축에 크게 도움이 된다는 것은 인지하고 있습니다. 다만, 지금의 전기에너지 수급 상황에서는 건물 에너지 전체를 전기로 전환하기엔 공급량이 부족합니다. 향후 건물 내 화석연료 사용을 줄여 전기 전환을 추진해나갈 예정이라고만 답변드릴 수 있을 것 같아요.

오전 9:50

 그린피스

그린피스 기후 에너지 캠페이너 최은서입니다. 친환경차량과에 궁금한 게 있어요. 2020년 서울 그린 뉴딜 정책에 따르면, '2035년 서울시 신규 내연기관 등록 금지' 개정을 추진하겠다고 쓰여 있어요. 2023년 계획에는 관련 문구가 아예 빠졌던데, 이후 진행 상황을 알 수 있을까요?

오전 9:51

 서울시 대기정책팀

저희 대기정책팀에서 답을 드릴 수 있는 내용이네요. 서울시는 '그린 뉴딜 추진을 통한 2050 온실가스 감축 전략'(2020.8)에 이어 2022년 9월 대기 질 개선 종합 계획 '더 맑은 서울 2030'을 통해 내연기관차 퇴출 계획을 발표한 바 있습니다. 현재의 5등급 차량 운행 제한을 단계적으로 확대해 2025년부터 4등급 차량의 녹색 교통 지역 운행을 제한하고, 2030년에는 서울 전역으로 이를 확대할 계획입니다. 아울러 2035년부터는 내연기관차 신규 등록을 금지하고 내연기관차의 녹색 교통 지역 운행을 제한할 예정입니다. 그리고 2050년에는 서울 전역에서 내연기관차의 운행을 제한할 것입니다.

오전 9:51

서울시, 2050 탄소 중립 가능?

👤 3

서울시 대기정책팀

오전 9:51

그린피스

어떤 부처와 어떤 논의가 진행 중이며 언제 개정을 추진하게 될까요?

오전 9:52

서울시 대기정책팀

환경부에 '대기 관리 권역의 대기 환경 개선에 관한 특별법', 국토교통부에 '자동차관리법'의 개정을 지속적으로 건의하고 있습니다. 정부 부처와의 소통을 강화해 법률 개정이 적기에 이루어질 수 있도록 노력하겠습니다.

오전 9:52

그린피스

흠, 그렇군요. 더불어 수소차의 역할에 대해 묻고 싶은 게 있는데요, 2021년 한국의 수소차는 처음 목표로 한 실적에 미달한 것으로 알고 있습니다.

오전 9:53

서울시 친환경차량정책팀

2023년 5월 말을 기준으로, 서울시에 등록된 수소차는 약 3000대입니다. 서울시는 2018년 수소 승용차 넥쏘를 시작으로 수소차 확산에 노력해왔습니다. 다양한 전기 승용차가 출시된 점을 고려해 앞으로 수소차의 경우 시내버스와 공항버스 등의 상용차 위주로 보급할 계획입니다.

오전 9:53

오전 9:54

그린피스

전기차와 달리 수소차는 **30억 원**에 준하는 충전소 비용과 높은 운영비 때문에 정부와 지자체의 지원 없이는 성장하기 어렵습니다. 수소는 여전히 천연가스를 통해 만들어지고, 재생에너지로 생산하는 수소는 아직 상용화 단계가 아니에요. 태양광이나 풍력으로 에너지를 얻는다고 해도 수소차의 에너지 효율은 전기차 **86%**의 절반도 되지 않는 **41%**에 그칩니다. 국제청정교통위원회(ICCT)에 따르면, 전기 버스나 트럭이 온실가스 저감에 가장 큰 효과를 보이며, 수소 상용차는 그린 수소일 때 의미 있는 저감 효과를 나타낸다고 합니다. 이와 같은 수소차의 한계에 대해 어떻게 생각하세요?

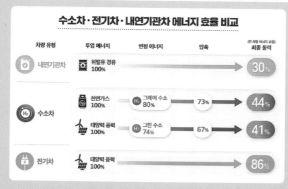

오전 9:54

서울시 친환경차량정책팀

수소차는 일반 내연기관과 달리 불순물 제거 여과 시스템을 통해 공기를 흡입하고 정화한 후 물과 공기만 배출합니다. 미세먼지와 온실가스 감축에 효과적이죠. 특히 수소 버스는 충전 시간이 15~30분 이내로 전기 버스보다 짧고, 주행거리도 약 600km 이상으로 내연기관 차량과 비슷한 수준입니다. 장거리 노선에 취약한 전기차의 대체재가 될 수 있을 거라고 생각합니다.

오전 9:54

일점오도씨 님이 서울환경연합 님을 초대했습니다.

서울환경연합

저는 서울환경연합의 활동가 이민호라고 합니다. 마포구에 추가 설치되는 **1000톤** 규모의 자원 회수 시설에 대한 얘기를 좀 들어보고 싶어요. 주민들의 반대가 극심한 것은 알고 계시죠?

오전 9:55

서울시 자원회수시설총괄팀

저희 역시 마포구 상암동 주민분께 송구하고 죄송스럽습니다. 생활 쓰레기 직매립이 금지되는 **2026년** 이전에 신속한 대처가 필요하다고 판단했습니다. 상암동 부지도 서울시 자원회수시설입지선정위원회에서 약 **20개월**의 논의 끝에 정한 후보지입니다. 서울시는 그간 양천, 노원, 강남, 마포의 4개 광역자원회수 시설을 안전하게 가동해왔습니다. 20년 이상 운영했음에도 지역 주민들의 건강상 위해는 발견되지 않았고요. 새 광역자원회수시설도 세계 최고 수준의 오염 방지와 최첨단 자동화 시스템을 도입해 안전하고 청정하게 조성할 계획입니다.

오전 9:55

서울시, 2050 탄소 중립 가능?

👤 4

서울환경연합

서울시는 마포구 주민과 어떻게 소통하고 있는지 궁금합니다.

오전 9:56

서울시 자원회수시설총괄팀

후보지 발표 이후 1년간 주민 설명회와 공청회를 열었습니다. 반대 단체 대표와 지역 정치인이 참여하는 주민소통협의회를 운영해 적극적으로 대화에 나서고 있고요.

오전 9:56

서울환경연합

여전히 반대 여론이 높은 걸로 알고 있습니다.

오전 9:56

서울시 자원회수시설총괄팀

맞습니다. 그래서 서울시는 인근 지역 상인, 경로당, 각종 협회와 단체를 꾸준히 방문해 자원 회수 시설의 필요성과 건립 방향을 설명하고 있습니다. 덴마크의 아마게르 바케 사례처럼 자원 회수 시설을 지역 주민들이 자랑스러워할 만한 랜드마크로 조성하고자 합니다. 그 과정에서 주민과의 대화 창구를 열어놓고 계속 소통해나갈 계획입니다.

오전 9:56

서울환경연합

그렇군요. 서울시는 주민을 설득하기 위해 750톤의 자원 회수 시설을 조기 폐쇄하겠다고 말한 바 있는데요, 이를 위해 서울시 쓰레기 감축 로드맵을 발표할 예정이 있는지 궁금해요.

오전 9:57

서울시 자원순환정책팀

일회용품 사용을 줄이고 재활용 및 폐자원 자원화를 활성화하기 위한 로드맵 구축에 필요한 종합 계획을 준비하고 있습니다. 현재 진행 중인 내용으로는 플라스틱 폐기물 발생이 많은 분야를 대상으로, 친환경 소비문화 확산을 위한 '제로 웨이스트 서울' 정책이 있어요. 다회용 컵을 사용하는 '제로 카페'와 다회용 배달 용기를 사용하는 '제로 식당', 일회용품과 포장지를 줄이는 '제로 마켓'과 재활용 분리배출을 활성화하는 대학교 '제로 캠퍼스' 등이 주요 내용입니다. 더불어 플라스틱 재활용률 제고를 위해 2023년 4월 국내 주요 정유 및 석유화학사와 협력해 플라스틱 폐기물의 열분해 및 화학적 재활용 사업을 위한 협력 체계를 구축했습니다.

오전 9:57

서울환경연합

분산에너지활성화특별법이 국회를 통과함에 따라 서울의 에너지 자립이 더욱 중요해졌습니다. 2021년 기준 서울시의 전력 자립률은 11%에 불과한데요, 그마저도 당인리의 복합화력발전소가 대부분을 차지합니다. 서울시의 기후 위기 대응과 에너지 자립률 향상을 위한 로드맵은 무엇인지 듣고 싶어요.

오전 9:57

서울환경연합

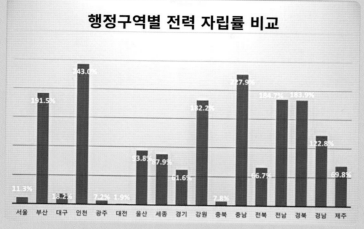

오전 9:57

 서울시 신재생에너지팀

> 서울시는 전력 자립률 제고와 온실가스 감축을 위해 2006년 민선 4기부터 화석연료 중심의 에너지 체계를 신재생에너지 등 친환경 에너지 보급 정책으로 전환하고 있습니다. 2022년부터는 도심에 적합한 다양한 신재생에너지의 균형 있는 보급을 목표로 하고 있습니다.

오전 9:57

 서울환경연합

> 시민들의 참여가 필요한 부분과 서울시의 지원 정책은 무엇인지 궁금합니다.

오전 9:58

 서울시 신재생에너지팀

> 먼저 서울시의 지원 정책을 설명드릴게요. 도시의 특성에 맞춰 대규모 개발 부지 등을 활용해 지열, 수열 등 다양한 재생에너지를 보급하고 있습니다. 또한 발전 사업 및 주유소의 종합 에너지 스테이션(Total Energy Station, TES) 전환 등을 통해 연료전지 보급을 확대하고 있습니다. 시민들은 에너지 소비 효율과 절약 실천에 관심을 가져주었으면 좋겠어요. 에코 마일리지, 친환경 실천 우수 아파트 선정처럼 인센티브를 확대해 시민의 참여를 유도하고 있기도 합니다.

오전 9:58

 서울환경연합

> 서울시는 기존의 양적 확대에 치중했던 보급 정책에서 벗어나 건물 일체형 등 신기술, 고효율 중심으로 전환하겠다고 발표한 바 있습니다.

오전 9:58

서울환경연합

오전 9:58

서울시 에너지정책팀

맞습니다. 서울시는 건물이 많고 유휴 부지는 부족한 지역적 특성을 가지고 있습니다. 그래서 모듈 자체에 건축 마감재 기능까지 포함해 설치 공간이 별도로 필요하지 않은 건물 일체형 태양광(BIPV)을 확대 보급하고 있습니다. 이 경우 도시 미관도 해치지 않을 수 있죠.

오전 9:58

서울환경연합

하지만 건물 일체형 태양광이 발전 효율성, 전기 안전성, 건물 음영으로 인한 전력 발전 손실 등의 우려가 있다는 걸 알고 계시죠? 서울시에서 해법을 가지고 있는지 궁금해요.

오전 9:59

서울시 에너지정책팀

예를 들면 인증 기관이 발급한 패널 시험 성적서 등을 통해 발전 효율을 확인하고 있어요. 시뮬레이션(PV Syst)으로 일조 시간을 검토해 음영에 간섭받지 않는 위치를 선정해 설치하고요. 또한 태양광을 사용하기 전에 한국전기안전공사에서 검사를 실시해 안전성을 확인하고 있습니다.

오전 9:59

서울이 기후 행동에 뒤처져 있다는 언론 보도가 있었는데요, 서울시는 이를 어떻게 받아들이고 있나요?

오전 10:00

서울시 기후변화전략팀

서울은 전국 최초로 '서울시 기후변화 대응에 관한 조례'를 제정했어요. 국가 차원의 법률이 제정되지 않은 2008년 9월의 일이죠. 2021년에는 국내 최초로 '기후 예산제 분류 체계'를 마련하고 작년부터 시행하고 있기도 하고요. 최근에는 '2050년 서울시 기후 행동 계획'을 수립해 추진하고 있어요.

오전 10:00

뒤처져 있지 않다는 의견으로 들리네요. 그렇다면 서울시는 목표한 대로 2050년까지 탄소 중립을 할 수 있을까요?

오전 10:01

서울시 기후변화전략팀

매우 어려운 일입니다. 하지만 전 지구적인 기후 위기 대응을 위해서 반드시 달성해야 합니다.

오전 10:01

오전 10:02

2050년까지는 27년도 채 남지 않았는데요, 어떻게 달성할 수 있을까요?

서울시 기후변화전략팀

서울시는 2005년 대비 2030년까지 온실가스 40% 감축, 2040년까지 70%를 감축하겠다는 목표를 설정했습니다. 단기 계획으로는 '기후변화 대응 종합 계획'(2022~2026)을 수립해 건물, 교통, 폐기물, 에너지 생산, 공원 녹지, 시민 참여 등 6개 분야 77개 사업을 추진하고 있고요. 마지막으로 서울시는 2024년 4월 탄소중립기본법에 부문별, 연도별 온실가스 감축 목표 및 이를 위한 이행 대책을 포함한 내용을 발표할 예정입니다. 앞으로도 서울시는 타 지자체, 정부, 국제도시와 협력해 탄소 중립 달성을 위한 노력을 계속해나가겠습니다.

오전 10:02

오전 10:03

각자 준비한 질문은 여기까지입니다.

오전 10:03

궁금한 게 여전히 남았겠지만, 자리는 여기서 마무리하겠습니다.

오전 10:03

톡방을 나가셔도 좋습니다.

서울시 기후환경본부 님이 나갔습니다.

서울환경연합 님이 나갔습니다.

그린피스 님이 나갔습니다.

대화 자리를 마련하기 위해 최선을 다했는데, 서울시 역시 최선의 답변을 했을 거라고 믿습니다. 독자 여러분께서는 어떻게 생각하시나요? 서울이 2050년까지 탄소 중립 목표를 달성할 수 있다고 보시나요? 달성 여부의 책임은 서울시 공무원에게만 있는 것도 아니고, 환경 단체 운동가들에게만 있는 것도 아닙니다. 독자 여러분 모두가 변화의 주체이지요! 이번 기사를 읽은 소감을 <일점오도씨> 인스타그램 (@1.5_magazine)에 남겨주세요. 댓글, DM 모두 환영합니다.

오전 10:04

66

서울에 사는 당신은 모르시겠죠

99

ART

EDITOR. Jinah Kwon

몽골에서 불어오는
황사 바람, 밀양에서
대량으로 수송하는 전력…
내가 사는 곳의 일이
아니라고 해서 나와
관계없는 일이 아니다.
서울의 풍요와 편리는 다른
지역의 희생과 연결되어
있다.

<미래의 고고학> 프로젝트는 몽골의 실제 사막화한 장소에서 사람 및 가축과 함께 박물관 디오라마 재현을 시도한 작품이다. 유목 생활은 역사를 통틀어 전통 몽골 문화의 중심이었다. 그런데 몽골 정부의 조사에 따르면, 약 850개의 호수와 2000개의 강·개울이 말라버렸다. 지난 25년 동안 국토의 30%가 사막으로 변할 만큼 몽골의 사막화 속도는 급격하다. 잠재적으로 몽골 영토의 75%가 사막화 위험에 처해 있다. 그 원인으로 꼽히는 것이 몽골의 겨울철 기온 상승, 즉 기후변화다.

몽골의 사막화와 모래폭풍은 한국의 황사에도 영향을 미친다. 이에 우리나라에서는 '한·몽 녹색 전환 협력 태스크 포스'를 발족시켜 몽골에 나무 심기 및 기후변화 대응 간 연계를 도모하고 있다. 프랑스 파리를 기반으로 활동하는 다큐멘터리 사진가이자 세계사진협회(WPO)가 주관하는 '소니 월드 포토그래퍼 어워드'에서 2회 연속 입상한 이대성 작가는 몽골의 이런 배경에 주목했다.

몽골의 사막이
우리에게 말하는 것

<미래의 고고학 2> ©이대성

1.

미래의 고고학
by 이대성

몽골의 사막화를 주제로 <미래의 고고학> 전시를 하셨는데, 이 이슈에 관심을 갖게 된
계기는 무엇인가요?

이 프로젝트를 하기 전부터 자연과 인간에 대한 이야기를 계속해왔어요. 환경 이야기를
하다 보니 세계화와 떼려야 뗄 수 없더라고요. 그 결과는 기후변화로 귀결되고요.
기후변화에 대한 서치를 10년 전부터 해왔는데, 해수면 상승과 사막화가 주요
문제였어요. 사막화를 상징적으로 보여줄 수 있는 곳이 몽골이라 생각했고, 2013년에
3개월, 2014년에 3개월 총 2년에 걸쳐 촬영한 프로젝트예요.

몽골의 사막화를 박물관에 빗대어 디오라마로 촬영한 게 인상 깊었습니다. 이 아이디어를
떠올린 과정과 촬영 에피소드가 궁금합니다.

세계화의 역사에 대해 고민하다 보니 '식민지의 역사'라는 생각이 들었어요. 무역과
노예, 그 과정에서 만들어진 박물관은 약탈한 유물이 모인 곳이죠. 정복과 약탈로
현지 문화가 파괴되고, 그 결과 박제화되어 박물관 안에만 존재하는 거잖아요. 몽골은
아직도 유목 생활이 이뤄지고 있죠. 유목 생활은 문명보다 오래된 생활 방식인데,
사막화로 인해 사라져가고 있으니 나중엔 박물관에서만 볼 수 있지 않을까 싶었어요.
결국엔 환경 변화로 인해 사라질 거라는 생각을 박물관에 빗대어 얘기한 거죠. 몽골은
1000m고지에 있고 기온차도 극심하기 때문에 초원에 풀이 자라는 기간이 3개월도 채
안 돼요. 그때를 맞춰서 촬영할 수밖에 없었는데, 교통 인프라도 좋은 나라가 아니다
보니 촬영 장소를 찾는 데 오래 걸렸죠.
촬영 프로세스가 다른 지역에서 촬영한 풍경 이미지를 보드에 프린트해서 지평선과
겹쳐내는 거였는데, 시각적으로 이야기를 만드는 게 쉽진 않았어요. 세우는 보드
크기를 3mX5m로 제작했는데 접을 수 있게 만들어서 트럭에 싣고 다니며 촬영했어요.

촬영하면서 특별히 염두에 두거나 포인트를 준 부분이 있다면요?

보는 이로 하여금 시각적으로 헷갈리게 만들고 싶었어요. 결국 현실이 아닌 박물관에
박제될 텐데, 그 공간 자체가 현실인지 박물관인지 정확하게 알기 어렵도록 한 거예요.

<미래의 고고학 1> ⓒ이대성

<미래의 고고학 4> ©이대성

몽골은 한국과 인접해 있어 몽골의 사막화가 한국에도 영향을 끼칠 수밖에 없는데요, 우리가 이에 대해 경각심을 갖고
행동해야 것은 무엇일까요?

사람들은 편한 걸 포기하기 싫어하는 것 같아요. 자본주의는 끊임없이 소비하라고 자극을 주는데, 우리는 거기에 중독돼
있어요. 솔직히 사람들이 방법을 몰라서 안 하는 게 아니잖아요. 아는 것과 행동하는 건 다른 이야기니까요.
제가 올 초에 캄보디아 오지에 두 달 정도 머물렀는데요, 도시 생활과 완벽히 차단되는 순간 마음이 오히려
편해지더라고요. 숲에 있었는데, 적응할 만했어요. 제 생각을 솔직히 말하면, 기후변화를 극복하는 건 이미 늦었다고
보는 입장이에요. 기후변화가 무서운 점은 단순히 환경문제로만 끝나지 않는다는 거예요. 결국 식량과 물 부족으로
전쟁까지 벌어질 거라고 봐요. 내가 하기 싫어서 안 하고 있는 게 아닌지 돌아볼 필요가 있죠.

작가님께서는 서울 같은 대도시인 파리에 거주하고 계신데요, 탄소 배출에 대한 파리 시민의 인식은 어떤가요?

유럽은 정책적으로 탄소 감축을 적극 권장하고 있어요. 라이프스타일만 봐도 공공 자전거를 한 달에 8.99유로만 내면
무제한으로 사용할 수 있어요. 파리 강변도로는 차량 통행을 금지했고, 거리별로 대중교통 월 정액권이 달랐는데, 그
가격을 일원화했어요. 그렇게 대중교통의 사용 빈도를 높여가고 있죠. 월 정액권이 저렴해지니까 시민들은 만족하는
분위기예요. 대중교통 이용자도 늘었고요. 재래시장에서는 물건을 비닐봉지 대신 종이봉투에 담아주죠.

팬데믹 이후 환경을 바라보는 시선이 달라졌다고 들었어요. 요즘은 환경과 관련해 어떤 작품 활동을 하고 계신가요?

팬데믹 때 봉쇄를 당해 밖에 아예 나가지 못했던 경험이 있어요. 창문으로 바로 앞에 있는 플라타너스 가로수를 보는데,
어느 순간부터 잎이 반짝거렸어요. 파리에서 하늘이 그렇게 맑은 걸 처음 봤죠. 환경이 확 바뀐 거예요. 그때 문득
우리가 보던 자연은 실질적인 자연이 아니라는 생각이 들었어요. 우리가 알지 못하는 자연이 존재하는데, 그것은 우리가
활동을 정지할 때만 볼 수 있는 거죠. 지금 진행하는 몇 가지 프로젝트 중 아직 기획 단계인 작업이 있는데, '인간의 손이
닿지 않은 자연'에 대한 이야기를 해보고 싶어요.

<미래의 고고학 3> ©이대성

66

밀양 시민은
그저 이전처럼
살고 싶을 뿐

99

2.

감전
by 노순택

<감전 II #CEK2357> 2014 에코포토아카이브 제공 ⓒ노순택

<감전(Electric Torture)>의 배경은 신고리원자력발전소에서 생성한 전력을 수도권으로 수송하는 765kV의 초고압 송전탑이 설치된 밀양이다. 이런 일이 벌어진 이유는 서울의 낮은 전력 자립도 때문이다. 서울의 연간 전력 사용량은 2020년 기준 4만5788GWh로 경기도와 충남에 이어 세번째로 많지만, 전력 자립도는 11.2%에 불과하다(전력 통계 정보 시스템). 즉, 전력 사용량의 88.8%를 타지에서 끌어온다는 뜻이다. 서울이 필요한 만큼의 전기를 생산하지 못하니 비수도권 지역에 거대 발전소를 짓고, 그에 따라 해당 지역민이 고통을 받는다. 수도권에서 사용할 전력을 위해 밀양 사람들이 감당해야 할 일은 무엇일까? 밀양을 오가며 '감전' 시리즈를 작업한 노순택 작가에게 그들의 생생한 이야기를 들어보았다.

'감전' 시리즈는 어떻게 작업하게 된 건가요?

2010년 즈음부터 수년간 초고압 송전탑 건설을 둘러싸고 국가권력과 밀양 주민이 뜨겁게 충돌했습니다. 이 문제에 관심을 가지고 현장을 오가며 진행한 작업을 정리한 게 '감전' 시리즈예요. 물론 저는 제 작업 자체에 관심을 갖고 있습니다만, 그 작업의 시작과 계기는 현장에 대한 관심일 수밖에 없었습니다.

'감전' 시리즈를 촬영하며 밀양 주민과 소통하셨을 텐데요, 초고압 송전탑 설치에 대한 밀양 주민의 반응은 주로 어땠나요?

국가와 자본의 입장을 대변하는 많은 보수 매체들이 밀양 주민의 저항을 '보상금 더 챙기려는 이기적인 떼쓰기'로 매도했지만, 밀양의 늙은 농부들이 하나같이 외친 것은 "살아온 것처럼 그대로 살게 해달라"는 평범한 요구였습니다. 76만5000kV라는 초고압 송전탑이 자신의 집과 밭 주변에 느닷없이 세워지고 머리 위로 초고압 전기가 흐르게 될 거라는 통보를 받을 때, 그게 국가의 일이라는 이유로 박수 치고 환영할 이가 있을까요? 그것이 정말 필요한 국가의 중요 사업이라면 시간이 더 걸리더라도 주민을 설득하고 피해를 최소화하는 노력을 했어야 할 겁니다. 그러나 국가가 택한 건 대화 대신 협박이었고, 설득 대신 이간질이었지요. 그게 먹히지 않으니 공권력을 동원해 폭력을 행사했고요. 결국 송전탑은 국가의 의지대로 모조리 세워졌지만, 밀양의 농민 공동체는 여전히 그 후유증에 시달리고 있습니다.

'감전' 시리즈를 통해 전하고 싶은 메시지는 무엇인가요?

다수의 이익과 소수의 이익이 엇갈릴 때, 우리는 다수의 행복을 택하는 게 합리적이라고 배웠습니다. 민주주의는 다수결의 원리를 따른다고도 하지요. 하지만 그것이 소수의 지속적이고 일방적인 희생을 강요해도 된다는 말일까요? 그걸 민주주의라고 부르는 걸까요? 어떤 이는 민주주의는 고비용(그게 돈이든, 시간이든, 에너지든, 목숨이든)을 치러야 하는 체제이기 때문에 모든 일을 민주적으로 진행할 수는 없다고 말합니다. 대한민국은 뭐든 빨리빨리 해치워야만 직성이 풀리니까요. 그러나 저는 그런 식의 일 처리가 오히려 비합리적일 뿐만 아니라, 시간과 비용을 더 치르는 방식이라고 생각합니다. 밀양의 경우를 보면 알 수 있어요. 전기가 근본적으로 우리에게 무엇이며 어디에서 어떻게 생산되는지, 어떤 경로로 우리 개인의 손에 쥐여지는지, 그 과정에 어떤 문제가 발생하는지 진지하게 논의하는 자리는 어디에도 없었습니다. 진압 경찰을 투입해 주민을 연행하고, 해산하고, 짓누른 끝에 송전탑을 세우기까지 얼마의 시간과 비용이 들었습니까? 그 과정에서 주민 두 분이 스스로 목숨을 끊기까지 했지요. 이 일을 둘러싸고 한국 사회 전체가 치른 갈등의 시간과 비용은 또 어떻게 계산해야 합니까?

<감전 I #CDK0201> 2013 에코포토아카이브 제공 ⓒ노순택

<감전> 시리즈를 보면서 서울 시민의 평온이 지방의 희생을 딛고 있다는 사실을 발견했어요. 지역 간 격차는 늘 발생할 수밖에 없는 것이겠지만요. 작가님께서는 밀양 송전탑 외에도 사회의 부조리한 면을 포착해오셨는데, 이 부분에 대해 우리가 인지하고 행동해야 할 점, 이러한 사회문제에 대한 작가님의 개인적 견해는 무엇인가요?

인간 사회에서 완벽한 평등이나 공평이란 불가능하겠죠. 밝음 뒤엔 그늘이 있고, 빛이 셀수록 어둠도 더 짙으니까요. 누군가 더 평온하다면, 누군가 더 고통받고 있을지 모릅니다. 거저 주어지는 안락과 평화란 없는 법이죠. 아무 일 없었다는 듯 살고 싶겠지만, 불행하게도 세상은 아무 일 없이 돌아가지 않습니다. 모르고 사는 게 행복일지 모르겠으나, 알기에 느끼는 번민과 실천도 불행한 일은 아니라고 생각합니다. 저는 작업을 통해 누군가를 깨닫게 하거나 감동시키고 싶지 않습니다. 제 작업이 마침표나 느낌표가 되기를 바라지 않습니다. 작은 물음표 하나 던질 수 있다면 좋다고 생각해요. 이런 사회, 이런 장면 정말 괜찮은 건지. 그렇다면 나는 어느 지점에 서 있는지, 혹은 어느 지점으로 가고 있는지.

<감전 II #CEB2440> 2014 에코포토아카이브 제공 ©노순택

환경과 관련해 지속적으로 목소리를 내고 있는 배우 류준열은 사진작가로서도 환경에 대한 메시지를 전한다. 2022년 아트선재센터에서 진행한 <서울 웨더 스테이션> 전시에 참여한 그는 국내 최초의 근대식 시멘트 공장이자 한국 경제 발전의 초석 역할을 한 '쌍용양회 문경공장'을 촬영한 사진 작품을 선보였다. 류준열은 한 인터뷰에서 "폭발적 인구 증가와 그에 맞게 성장하는 경제와 인프라 건설을 위해 철강 및 시멘트 산업이 있고, 이는 탄소 배출의 최전선에 있다"면서 이곳에 주목한 이유를 설명한 바 있다. 2018년 가동을 멈춘 뒤 폐허처럼 남아 있다가 새 쓰임새를 논의 중인 쌍용양회 문경공장. 옛 모습을 고스란히 간직한 장면에서 기간산업으로 각광받던 지난날의 위상과 멈춰 선 현재, 그리고 지속 가능한 미래에 대한 질문이 한데 얽히는 듯하다.

<무제(untitled)> archival pigment print, size variable 2022 작가 제공 ©류준열

66 도시화의
영광 뒤에 남겨진 99

3.
무제
by 류준열

<무제(untitled)> archival pigment print, size variable 2022 작가 제공 ©류준열

<盡景山水 水01> 50x50cm 2021
에코포토아카이브 제공 ⓒ이진경

'盡景山水(진경산수)'는 언뜻 보면 익숙한 한 폭의 수묵 산수화다. 그런데 산수화에 시선을 고정하자 번들거리는 광택과 함께 검은 비닐봉지가 드러나고, 풍경은 밀려난다. 자신의 일상에서 쏟아져나오는 비닐 포장재부터 농촌과 바다에 쌓여 검은 물결을 이루는 비닐봉지까지, 일회용품 남용이 만들어낸 '검은' 소비의 풍경에 천착한 작가는 우리의 산과 바다를 검은 비닐봉지로 대치한 풍경화 '盡景山水' 시리즈를 완성했다. 그중 '水' 시리즈는 제주의 바다와, 이진경 작가가 부산에서 레지던시를 할 당시 울산 지역의 바다를 모델로 한 작품이다. 겸재 정선의 '인왕제색도'를 검정 비닐봉지로 재구성한 작품은 아름답던 자연이 오늘날 얼마나 훼손되었는지를 강렬하게 상기시킨다. 이진경 작가는 플라스틱이 애초에 자연을 보호하기 위해 만들어졌으나 너무 쉽게 사용하고 버린 인간의 남용이 문제를 초래했다면서, 작품을 통해 망가져가는 자연에 둔감한 채로 과잉 생산과 소비를 지속하는 현대사회에 경각심을 일깨운다.

우리 시대의
새로운 산천?

4.
盡景山水
by 이진경

<人往製色圖> 90x150cm 2021 에코포토아카이브 제공 ⓒ이진경

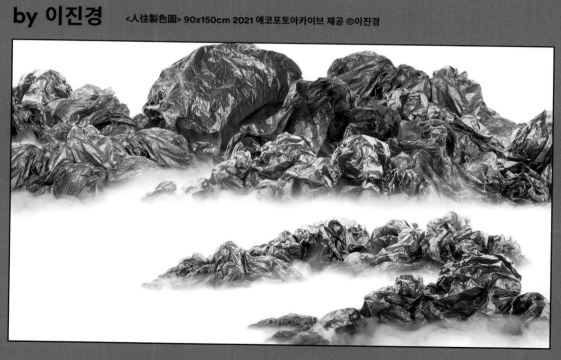

플라스틱이라는 이름의 자연

<뉴 락_고성> 2022 ⓒ장한나

<뉴 락_제주> 2018 ⓒ장한나

5.
New Rock
by 장한나

'어디에서도 볼 수 없던 새로운 바위'라는 뜻의 '뉴 락(New Rock)'은 장한나 작가가 지은 조어로 실제 돌이나 바위가 아니라 버려진 플라스틱에 자연물이 퇴적되거나 생명체가 들러붙으며 생겨난, 인공물과 자연물 중간에 있는 물질을 일컫는다. 2017년 제주 바다를 시작으로 동해의 고성, 속초, 양양, 강릉, 동해, 울진, 포항, 울산과 남해의 부산, 거제, 제주, 서해의 목포, 신안, 흑산, 태안, 인천, 강화 등의 해안에서 뉴 락을 수집해왔고, 하천의 경우는 한강에서 주로 수집하고 있다. 작가는 자신의 작업이 환경문제에 대한 경고라기보다는 지금 일어나는 일들을 수면 위로 드러내는 일이라고 설명하지만, 조용히 우리 곁에 들어선 새로운 자연의 모습은 되려 더욱 복잡 미묘한 생각을 불러일으킨다.

<뉴 락_신안> 2021 ©장한나

LESSONS FROM LEADING CARBON NEUTRAL CITIES

탄소 중립 우등생 도시의 커리큘럼

도시별 탄소 중립 정책과 효과적인 성과를 거둔 도시의 노하우를 살펴본다.
각 분야에서 전문가의 활약이 어떻게 이뤄졌는지 눈여겨볼 것!

NOW

EDITOR. Dami Yoo

1.

다음 중 코펜하겐 소재 건축사무소로 열병합 발전소를 만든 곳은?

① 올라푸르 엘리아손
② 비야르케 잉겔스
③ GHB Landskabsarkitekter
④ 알프레 바사르

2.

다음 설명을 읽고 물음에 답하세요.

> 베를린 상원은 2045년까지 베를린을 기후 중립 도시로 만드는 장기 목표를 추구하고 있다. 그러나 지난 3월 '기후 새로운 시작 KLIMANEUSTART'이라는 이름의 시민 단체가 26만 명의 서명을 모아 2045년이 아닌 2030년으로 그 시기를 앞당겨야 한다며 목소리를 모았고, 베를린의 '기후 보호 및 에너지 전환법' 개정 찬반을 묻는 주민 투표를 성사시켰다. 그 결과 압도적인 찬성으로 베를린은 2030년 기후 중립 도시를 달성할 것을 약속했다.

맞으면 O, 틀리면 X 표시를 하세요.

(　　　　　　　　)

3.

다음 중 네덜란드 암스테르담에서 일어난 기후 위기 대응 솔루션이 아닌 것은?

① 녹색 지붕 만들기
② 고속도로 위 공원 만들기
③ 벌 호텔
④ 순환 도시 선언

코펜하겐은 자전거 친화 도시로 손꼽힌다. 2022년에는 자전거 인프라를 위해 1000만 유로를 투자했고, 거의 모든 주요 도로에는 양쪽에 연석으로 분리된 자전거도로가 있다. 도시와 운하를 가로지르는 자전거도로는 단순한 인프라에 머물지 않는다. 이름난 건축 디자이너가 만든 근사한 자전거 다리를 보면 더욱 그렇다. 마치 도시에 개성과 매력을 더하는 거대한 아트워크 같다. 그 결과 코펜하겐 사람들은 자동차보다 5배 많은 74만5000대 이상의 자전거를 소유하고 있으며, 코펜하겐의 모든 학교 어린이의 절반은 자전거를 타고 등교한다.

베나르스키 건축 스튜디오-이너하버 브리지 The Architects Studio Bednarski-The Inner Harbour

덴마크는 신재생에너지의 선두 주자로 불리는 대표적인 녹색 성장 국가다. 이렇게 된 변곡점은 1973년 벌어진 제1차 석유 파동에 있다. 덴마크는 1970년대 초까지만 해도 에너지의 92%를 수입에 의존해왔다. 그러나 아랍 지역에서 벌어진 전쟁으로 인해 석유 수급에 혼란을 겪으면서 심각한 에너지 위기에 직면했다. 이를 계기로 덴마크는 에너지 소비 절감 정책을 적극적으로 펼치며 신재생에너지를 본격적으로 도입하기 시작했다. 그중 수도 코펜하겐은 건축가 출신 알프레 바사르가 도시계획 부문 시장직을 역임하면서 자전거와 보행 위주의 친환경 모빌리티 도시로 만들어나갔고, 이러한 방향성은 오늘날까지 이어져오며 도시의 아이덴티티를 형성했다. 최근에는 건축가의 참신한 아이디어를 반영한 열병합발전소를 지어 환영받지 못하는 기피 시설임에도 시민들의 호응을 이끌어내며 탄소 중립 도시라는 상징물을 만들어냈다. 이외에도 코펜하겐은 지속 가능성의 지혜와 기술이 담긴 건축으로 도시의 풍경을 연출해 2023년에 유네스코 지정 세계 건축 도시로 주목받기도 했다.

①
자전거 다리

디싱+바이틀링, 바이시클 스네이크 Dissing+Weitling, The Bicycle Snake

② 순환 발전소

쓰레기를 태워 전기와 온수를 만드는 열병합발전소는 대표적인 혐오 시설로 시민들의 기피 대상이지만, 코펜하겐은 이를 지역 명소로 만들었다. 바로 영향력 있는 건축가 그룹 비야르케 잉겔스의 아이디어로 완성한 아마게르 바케 Amager Bakke다. '바케'란 언덕을 뜻하는데, 경사를 준 옥상에 스키 슬로프를 마련하는 식으로 파격적인 설계를 완성한 것. 스키 장비는 이곳에 위치한 장비 대여소에서 빌릴 수도 있다. 스키어가 아니라면 슬로프를 오르며 등산을 즐기거나, 외벽에 설치된 클라이밍 암벽을 타는 등 여러 가지 활동이 가능하다.

③ 유네스코 지정 2023 세계 건축 수도

아마게르 바케의 열병합발전소 © Astrid Maria Rasmussen

오늘날 건축 및 건설 부문은 전 세계 탄소 배출량의 40%를 차지한다. 건물을 짓는 과정, 건설 소재, 건물의 효율성을 따져본 수치다. 코펜하겐은 오래전부터 지속 가능한 도시 전환을 실천해온 곳답게 건축 영역에서도 미래 지향적인 친환경 건축 방법에 대한 노하우와 크리에이티브를 함축하고 있다. 대표적인 프로젝트로 손꼽히는, GHB 건축사무소의 기후 지구 프로젝트 토싱에 플라스 Tåsinge Plads는 세계 최초의 기후 적응형 도시 공간이다. 많은 양의 빗물을 처리할 수 있고 주민들이 만남의 장소로 활용하는 녹색 오아시스 솔루션이다. 또한 북부 인공 섬 항구에 위치한 유엔시티캠퍼스 UN City Campus는 별 모양으로 설계해 인상적인 디자인을 연출하면서도 덴마크에서 가장 높은 에너지 효율을 가진 건축으로 손꼽히며 그린 빌딩 어워즈를 수상하기도 했다. 2023년 유네스코 건축 수도 선정은 그동안 탄소 중립 도시를 지향해온 건축가들의 솔루션이 인정을 받은 것이다.

Point! 서울이 배울 점

알프레 바사르 코펜하겐 시장은 보행자 친화 도시를 만들려다가 살해 협박까지 당한 바 있다고 전해진다. 그만큼 이동 환경을 바꾼다는 것은 무척이나 중요하고 이해관계가 얽혀 있다. 메가시티 서울이 보행자 친화 도시로 나아가기 위해서는 훨씬 더 과감하고 창의적인 생각법을 지녀야 하지 않을까?

독일은 1960년대 이후 환경과 기후에 대한 시민사회의 관심과 영향력이 큰 나라로 알려져 있다. 1980년대에는 녹색당이 세계적 조직으로 성장했고, 시민 환경 단체인 '분트' '마지막 세대' 등이 저마다의 방법으로 기후 위기에 대해 활발하게 제 목소리를 내고 있다. 최근에는 '기후 새로운 시작'이 베를린 기후 중립 계획을 앞당기자는 목표를 주민 투표에 부치기도 했다. 이렇게 직접적인 목소리를 내는 활동가가 아니더라도 베를린에는 자원 순환을 위한 인프라와 비건 지향 레스토랑 및 소비재 브랜드가 잘 마련되어 있다는 점도 살펴볼 만하다. 이러한 사례를 통해 베를린 시민의 삶에 지속 가능성을 향한 실천이 크고 작은 형태로 녹아 있다는 걸 알 수 있다.

① 비건 프렌들리 도시

베를린은 비건 수도로 불리는 곳이다. 채식주의자를 위한 레스토랑, 칵테일 바, 패션 브랜드, 호텔 등 동물성 재료를 지양하고 지속 가능한 라이프스타일을 실천하는 이들에게 선택지가 풍성하다. 비건 레스토랑 가이드 앱 해피카우 Happy Cow는 베를린의 비건 프렌들리 식당 8000여 곳을 소개한다. 베를린이 비건 프렌들리 도시가 된 데에는 체르노빌 사고가 큰 역할을 했다. 사고 이후 시민들은 유기농 음식에 대해 관심을 모으기 시작했고, 여기에 전 세계 아티스트와 시민 활동가들이 모이면서 형성된 문화적 배경이 한몫을 했다.

비건 제품 유통 마트 페간스 Vegans

② 자원 순환 시스템

베를린의 갤러리아 헤르만플라차 지구에 2020년 설립한 리유즈 슈퍼 스토어는 가구, 의류, 소품을 재사용하고 버려지는 제품을 업사이클링하는 문화를 구축하기 위해 만든 커뮤니티다. © WOLFGANGSON.COM

*ICLEI
International
Council for Local
Environmental
Initiatives

베를린은 올해 ICLEI*의 '순환 도시 선언(Circular Cities Declaration)'에 서명하고 자원 순환의 중요성을 국가적 차원에서 이뤄야 한다고 강조했다. 그리고 순환 도시 전환을 위한 규제 프레임워크를 개발하기 위해 연방 정부 및 EU 기관과 협력할 것을 선언했다. 공식 성명에서는 해마다 베를린에서 재활용 실천이 약 90만 톤의 탄소 발자국을 줄이는 데 영향을 미치며 약 220만 톤의 원자재를 절약할 수 있다는 점을 강조했다. 아울러 버려지는 자원을 더 이상 폐기가 아닌 순환으로 이어나갈 것을 공개적으로 밝히고, 이에 자원 순환 시스템 영역에 적극 투자하기로 했다.

'서큘러 베를린 Circular Berlin'은 건축 환경, 도시 전략, 제품 및 재료 디자인, 식품과 바이오매스, 섬유와 패션 분야에 걸쳐 커뮤니티를 구축하고, 실용적인 프로그램을 개발하며 지역 순환 경제를 연결하는 플랫폼이다. 대표 활동으로는 의류 순환 정보를 알 수 있는 'a-gain.guide'가 있다.

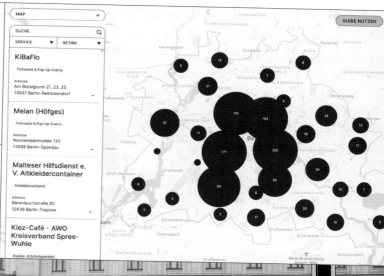

③ 기후 중립 주민 투표

2023년 3월 3일 베를린의 미래를 위한 금요일 기후 파업 현장 ©Stefan Müller

Point!
서울이 배울 점

베를린 상원은 2045년까지 베를린을 기후 중립 도시로 만드는 장기 목표를 추구한다. 그러나 지난 3월 환경 시민단체 '기후 새로운 시작'이 26만 명의 서명을 모아 기후 중립 도시 목표를 2045년이 아닌 2030년으로 앞당겨야 한다는 내용의 '기후 보호 및 에너지 전환법' 개정 주민 투표를 성사시켰다. 개정안에는 베를린 시내 탄소 배출량을 1990년 대비 95%로 줄이는 시점을 기존 2045년에서 2030년으로 '의무화'하고, 2030년까지 공공건물과 일반 주택을 기후 친화적으로 개·보수하며, 이로 인해 오르는 월세 인상분을 베를린시가 세입자에게 보조금으로 지급한다는 내용 등이 담겼다. 이번 법 개정안 투표에는 찬성하는 의견이 약 42만 3000표였지만, 발의안 통과에 필요한 60만 8000 표를 채우지는 못했다. 발의안이 통과되려면 전체 유권자 243만 1772명 가운데 25% 이상의 찬성이 필요하다. 이번 주민 투표는 결과적으로 실패했지만 시민사회의 역할을 다시 한번 상기시켰다는 점에서 의미가 깊다.

베를린 시민의 기후 의식만큼은 서울 시민이 꼭 배워야겠다. 많은 정책을 시도하며 탄소 중립을 외치고 있지만, 결국 시민이 동참해야 한다는 점을 잊지 말자! 기후는 선택이 아닌 필수! 윤리나 도덕에서 머무를 게 아니라, 투쟁하고 쟁취해야 할 사안이라는 생각 역시 기후 위기 시대의 시민 의식이다.

암스테르담은 2010년대부터 2050 그린 비전 2050 Green Vision을 발표해 도시의 녹색 인프라를 확장하는 방법을 추구하고 지속 가능한 도시를 만들기 위해 애써왔다. 주요 사업으로는 건물 옥상에 나무를 심어 녹색 지붕을 만들고, 공원 생태계를 복원해 종 다양성을 회복하고, 도로의 아스팔트나 블록 대신 풀이 자라는 길을 만드는 것이다. 특히 녹색 지붕은 탄소를 흡수하고 곤충과 새에게 먹이를 제공하며 도시의 열을 식혀 기후와 생물 다양성에 이로운 환경을 만든다. 이 프로젝트를 통해 암스테르담은 생태 복원 외에 아름다운 도시 전경도 얻었다. 최근에는 암스테르담 남동부 지하 고속도로 지붕에 생태 공원을 조성했다. 너비 200m, 길이 4km에 19만km²의 녹지를 만들어 시민 공간으로 완성한 것이다.

① 녹색 인프라

자전거의 도시 암스테르담은 녹색 도시로 명성이 높다. 그러면서도 지속 가능한 땅으로 가꾸려는 노력이 계속되고 있다. 지대가 낮은 도시인 만큼 해수면 상승으로 인한 위협이 크고, 기후 위기에 대한 의식 역시 남다르기 때문이다. 이에 암스테르담은 오래전부터 도시를 녹지화하고 자연 기반 복원을 통해 탄소 중립 도시로 거듭나기로 했다. 녹색 인프라를 조성해 도시의 열 조건을 개선하고 생태계를 복원해 종 다양성 환경을 만드는 자연 기반 솔루션은 최근 유럽연합에서 '자연복원법'의 형태로 적극 추진되고 있다. 구체적인 내용으로는 습지를 다시 조성하고, 강을 복원하고, 자연을 농지로 되살리고, 해양생태계를 복원하고, 도시에 더 많은 녹지 공간을 만들고, 숲을 치유하는 것 등을 들 수 있다. 이렇게 자연과 녹지에 중점에 두고 펼치는 네덜란드 암스테르담의 탄소 중립 솔루션은 행정가부터 시민, 연구자들이 모두 생태학자 역할을 톡톡히 하고 있다.

브라사 파크 Brasa Park. 암스테르담 고속도로 지붕에 지어 올린 생태 공원.

놀리지 밀러 파크 Knowledge Mile Park. 2016년부터 시작된 녹색 인프라 프로젝트. 암스테르담에서 가장 오염이 심했던 지역에 주민들과 협심해 녹색 지붕과 수직 정원을 만들고 있다.

② 벌의 귀환

벌 호텔 ©Sjoerd van der Hucht

네덜란드는 급격한 도시화와 농약 사용으로 인해 1940년대 이후 농촌에서 토종 야생 벌의 개체 수가 감소하기 시작했다. 이는 농경지가 더 이상 자연에 의존하는 게 아니라 인간의 지배를 받는다는 걸 의미한다. 네덜란드에서는 이러한 문제를 해결하기 위해 2018년 '벌에게 침대와 아침을(Bed and Breakfast for Bees)'이라는, 꽃가루 매개체를 이용한 개체 수 보호 전략을 발표했다. 여기에는 자연과 농업이 공존하며 발전하기 위한 70가지 구체적인 계획이 담겨 있다. 이에 따라 암스테르담은 벌들이 둥지를 틀 수 있도록 속이 빈 식물 등 '벌 호텔'을 설치하고, 공공 공간의 풀을 토종 꽃식물로 대체하는가 하면 공공장소의 잡초 제초제 사용을 중단했다. 또한 벌을 끌어들이고 먼지 입자와 빗물을 흡수하는 '벌 정류장'도 도입했다. '벌 정류장'은 현재 300여 개 이상을 설치했는데, 생태학자 플로린다 니에우웬후이스 Florinda Nieuwenhuis는 암스테르담의 야생 벌 정책으로 최근 10년간 개체 수가 45% 증가했다고 발표했다.

③ 생태 도시 연구소

와그 퓨처랩 Waag Futurelab은 디자이너, 예술가, 과학자, 생태학자로 이뤄진 기술 연구소다. 이들은 여름이 시작되는 6월 말, '다른 눈으로'라는 풍경 축제를 열어 생물 다양성과 예술적 창조성을 도모한다. 생태주의 관점으로 진행하는 섬유 염색, 바이오미네랄과 바이오플라스틱을 통해 천연 물질을 연구하는 워크숍, 가뭄을 퇴치하는 관개 시스템을 통해 물의 소중함을 알아보는 등 자연의 질서를 살피고 더불어 사는 지혜를 공부한다. waag.org

녹지 공간이 턱없이 부족한 서울은 도심 녹지율이 3.7%밖에 되지 않는다. 복합적이고 과밀한 개발 위주의 도시 변화는 그만! 뉴욕 맨해튼 26.8%, 런던 센트럴 14.6%의 녹지 비율에 비하면 너무 적은 면적이다. 공기 맑은 날 한강시민공원이나 연트럴파크만 가봐도 심각한 인구밀도에 절로 고개를 젓게 된다. 눈으로만 즐기는 녹지 말고, 인간과 자연이 공존하는 생태 공간이라면 서울 시민의 기후 인식 또한 달라지지 않을까?

Point!
서울이 배울 점

66

머지않아 우리는
야만적이고 파괴적인
이상기후를

1.5℃

99

그냥 날씨라고
여기게 될 것입니다.

기후과학자, 빌 맥과이어
Bill McGuire

탄소를 쫓는 명탐정 정 박사

PEOPLE

EDITOR. Seohyung Jo / PHOTOGRAPHER. Hoon Shin

서울의 탄소 배출량을 구획별로 나누고 시간대별로 쪼개 모으는 일에 몰두하는 연구자가 있다. 거대한 시설과 이동용 장비, 꿀벌과 AI 등 수단과 방법을 가리지 않으며, 놓친 탄소도 다시 본다. 탄소 중립의 해답을 찾기 위해 고군분투하는 명탐정처럼. 우리나라에서 유일하게 탄소 배출을 연구하는 서울대 환경대학원 정수종 교수를 만났다.

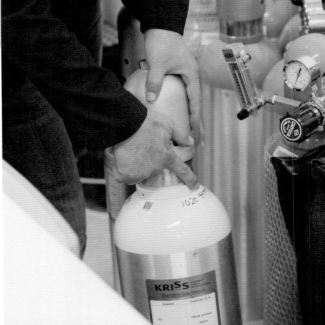

서울대 환경대학원 정수종 교수

한 주 내내 비 소식이네요. 장마가 시작됐나 봐요.

그러게요. 연구실로 초대해놓고 걱정했어요. 온실가스를 측정하는 장비가 습기에 취약해 날이 흐리면 야외 작업을 아예 할 수 없거든요. 최대한 측정 과정을 보여줄 수 있도록 해볼게요.

지난 5월에 인공지능으로 대기 중 이산화탄소 농도를 예측하는 기술을 발표했어요.

맞아요. 미세먼지처럼 온실가스도 지역마다 수치가 달라요. 자동차가 많이 다니는 도로에는 공기 중 탄소가 많고, 여기 서울대처럼 숲에 둘러싸인 장소는 상대적으로 적죠. 입자가 큰 미세먼지는 측정하기 쉽고 장비가 비교적 저렴해 측정 기기를 여기저기 설치할 수 있지만 온실가스는 아니에요. 복잡한 고가의 하이테크 장비가 필요해요. 저희 장비만 해도 가격이 2억5000만 원이 넘거든요. 한번 고장 나면 독일까지 보내 수리하는 기간이 6개월은 걸리고요. 그래서 도로 곳곳에 실측 장비를 구비해놓고 사용할 수가 없어요. 대신 지역별 교통량 정보와 인공지능 기술을 합쳐 어디서 얼마나 탄소를 배출하는지 측정하고 있죠.

오… 그럼 그게 어떻게 작동하는 거예요?

먼저 탄소를 배출하지 않는 전기차에 장비를 싣고 이동하며 측정해요. 007 가방처럼 생긴 장비를 차에 싣고 도로를 달리면서 탄소량을 파악하는 거예요. 차가 몇 대일 때 탄소는 얼마나 배출하는지, 어떤 차와 어떤 상태의 도로가 탄소 배출이 많은지 등의 정보를 얻죠. 정보 수집을 위해 전국 방방곡곡 24시간 돌아다닐 수는 없어서 방법을 생각해냈어요. 교통 정보를 수집하는 50개 장소에서 탄소 배출을 측정한 다음, 그 내용을 인공지능에 학습시키는 거예요. 그다음부터는 교통 정보를 입력하면 탄소 배출 추정치를 얻어낼 수 있죠. 꽤 정확해요.

지역별 탄소 배출량을 아는 게 왜 그렇게 중요한가요?

지역뿐 아니라 무슨 요일, 몇 시에 얼마만큼의 탄소 배출이 왜 일어났는지를 아는 건 매우 중요해요. 정보가 풍부하면 문제를 파악하기 쉽거든요. 인간도 몸이 아프면 병원에 가서 검사를 먼저 하잖아요. 엑스레이를 찍고 피 검사도 하죠. 뭐가 문제인지 알면 병은 거의 고쳤다고 볼 수 있어요. 처방에 따라 약을 먹고 치료받으면 되니까요. 기후 위기도 마찬가지예요. 정확한 측정과 계산이 곧 솔루션인 거죠. 요지는 그걸 탄소 중립 과학적으로 좀 해보자는 겁니다. 수치는 누구든 공감할 수 있는 객관적 증거예요.

지금은 정보 단위가 좀 커요. 탄소 배출이 문제인 건 알겠는데, 내가 뭘 노력해야 할지 감이 안 와요.

좀 뭉개져 있죠. 맞아요. 동네 단위로 상태를 알아야 우리가 뭘 해야 하고, 그러려면 나는 뭘 해야 하는지 느낄 수 있죠. 국가 단위의 정보만 있으면 '내가 안 해도 나라에서 하겠지. 내가 뭘 알겠어' 이렇게 생각하기 쉬워요. 말하자면 저희 팀은 국가 연구 사업으로 묶인 커다란 정보를 다시 풀어헤치는 작업을 하고 있는 겁니다. 2018년부터는 서울 남산타워에서 이산화탄소 수치 평균값을 측정해 매일 대중에게 공개하는 작업도 해왔어요.

트위터와 인스타그램에서 볼 수 있었죠?

네. 올 초까지 하다가 지금은 잠깐 쉬고 있어요.

왜요?

플랫폼을 새로 만들고 있거든요. 개인 연구로 하던 걸 올해부터는 '코리아 카본 프로젝트'라고 20개 대학과 3개 국가 기관이 참여한 사업으로 하게 되었어요. 곧 누구든 플랫폼에 접속하면 시간대별로 서울의 어느 지역에 얼마만큼의 탄소가 배출되는지 1km 단위로 볼 수 있을 거예요. 내년에는 5대 광역시, 그다음 해에는 경기도 일부, 3년 차에는 전국구로 넓혀갈 생각이에요.

그동안의 연구 결과로 알게 된 내용에는 어떤 것들이 있나요?
도시는 우리가 생각하는 것보다 훨씬 많은 탄소를 배출해요. 생각지도 못한 배출원이 문제가 되곤 하죠. 도로 위를 달리는 자동차, 발전소, 건물… 온실가스에는 이산화탄소만 있는 게 아니라 메탄도 있거든요. 메탄은 도시가스의 주원료이고 이산화탄소에 비해 온실효과가 30배 이상이나 돼요. 서울 사람들은 난방과 가스레인지를 모두 도시가스로 사용하죠. 도시가스는 쇠 파이프를 타고 움직이는데, 이 쇠 파이프는 부식되고 연결 부위가 느슨해지기도 해요. 생각보다 많은 양의 가스가 새요. 서울 주택가를 돌아다니다 보면 여름에 하수구에서 냄새가 올라오죠? 유기물이 썩어서 가스가 나오는 건데, 이것도 메탄이에요. 도시에서는 뭘 해도 이런 기후변화 물질이 계속해서 나와요.

특히 탄소 배출이 많은 동네는 어디예요?
대형 복합 쇼핑몰이나 사무실 단지요. 어마어마한 가스를 써요. 3년 전 서울에서 항공 측정한 자료를 활용해 논문을 썼는데요, 500m 상공에서 보면 메탄은 공기 중에 흩어져 균질한 값이 나오는 게 보통이에요. 그런데 강남 쪽에서도 한 장소에 눈에 띄게 큰 값이 보이더라고요. 확대해서 보니까 코엑스예요. 가스가 커다란 시설을 향해 파이프를 타고 이동하는 과정에서 새는 양이 얼마나 많은지 하늘을 날면서 찍어도 보이는 거죠. 국가 통계는 경험적 자료를 바탕으로 해요. 예를 들면 "가스 100리터 중 7리터는 샌다"처럼 정해놓고 통계를 내는 식이죠. 그런데 실제로 측정해보면 늘 그보다 많은 양이 새고 있어요. 직접 측정해보지 않고는 알 수 없죠.

교수님 이름을 검색하면 '우리나라 유일의'라는 타이틀이 많이 보여요. 우리나라는 탄소 배출도 많은데, 이를 연구하는 사람이 그렇게 없나요?
네. 없어요. 이 질문은 어딜 가도 들어요. 탄소 문제가 계속 언급되는데, 연구자는 왜 없냐고요.

공대나 산림학과에도 없나요?
산림학과에는 나무의 탄소 흡수를 연구하는 교수가 있고, 공대에 가면 폐기물에서 배출되는 온실가스를 연구하는 교수가 있어요. 다만 탄소 문제에서 가장 중요한 이슈인 탄소 순환을 연구하는 팀이 없어요.
공장에서 배출한 탄소가 어떻게 공기 중에 축적되고,

이를 나무가 얼마나 흡수해서 어떻게 사라지게 하는지 시간대별로 찾아가며 탄소 순환과 기후 위기를 이해하려는 사람이 없어요. 확실히 우리나라의 탄소 순환 관련 연구는 뒤처져 있죠.

반면, 관련 연구를 잘하고 있는 도시나 국가가 있을까요?
이 인터뷰를 읽는 여러분 모두 머릿속에 큰 도시를 떠올려보세요. 그 도시 모두가 우리나라보다는 잘한다고 보면 됩니다. 1000만 명이 사는 규모의 도시에서 온실가스 측정도 안 하고 있다는 건 정말 말도 안 되는 일이에요.

왜 이렇게 뒤처진 걸까요?
관심이 없으니까 할 사람도 없는 거죠. 온실가스와 기후 위기 얘기는 보통 이렇게 흘러가요. "서울도 더 늦기 전에 온실가스 측정을 해야 합니다." "알죠. 근데 우리가 아무리 열심히 연구하고 배출을 줄이면 뭐 합니까? 미국과 중국이 쉬지 않고 온실가스를 내뿜는데." 그럼 거기서 대화가 끝나죠.

그래도 환경 이슈에 많은 사람이 민감해졌다고 생각했는데요.
부분적으론 그래요. 미세먼지를 예로 들 수 있죠. 탄소 순환 연구와 달리 미세먼지를 가르치고 연구하는 교수는 모든 대학에 다 있어요. 서울대에만 해도 열 명은 있을 거예요. 미세먼지는 입자가 커서 눈에 보이고 목에 걸려요. 즉각적으로 문제가 와닿는 거죠. 미세먼지는 길어야 한 달이면 사라지지만 메탄은 20년, 이산화탄소는 200년 동안 사라지지 않습니다. 미세먼지보다 더 신경 써야 할 문제예요.

미세먼지 대신 온실가스로 관심을 돌릴 방법은 없을까요?
석탄화력발전소에서 석탄을 태우면 이산화탄소와 미세먼지가 같이 나와요. 미세먼지가 많다는 건 공기 중에 그만큼 탄소 배출이 많다는 얘기예요. 둘은 같은 개념입니다. 하나를 컨트롤하면 다른 하나까지 컨트롤할 수 있다는 거죠. 영어로는 Co-benefit, 즉 공편익이라고 부르는 개념이에요. 한쪽으로 관심을 돌리기보다 이걸 사람들에게 알려주는 게 답이라고 생각해요. 미세먼지와 온실가스의 관련성을 보여주고 이해시키는 게 제 임무고요.

탄소 배출과 미세먼지와 기후 위기가 하나라는 것을 어떻게 보여줄 수 있나요?
벌을 활용한 연구를 올봄부터 시작했어요. 사이드 잡처럼 십시일반 돈을 모아 하다가 올해부터 세계자연기금

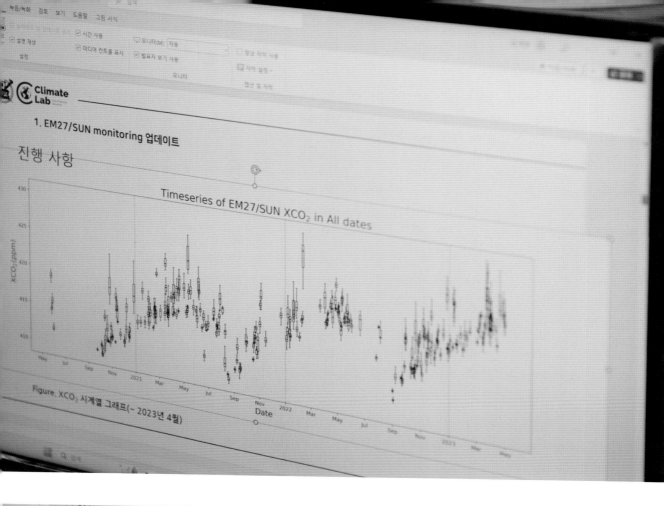

1. EM27/SUN monitoring 업데이트

진행 사항

Timeseries of EM27/SUN XCO₂ in All dates

Figure. XCO₂ 시계열 그래프(~ 2023년 4월)

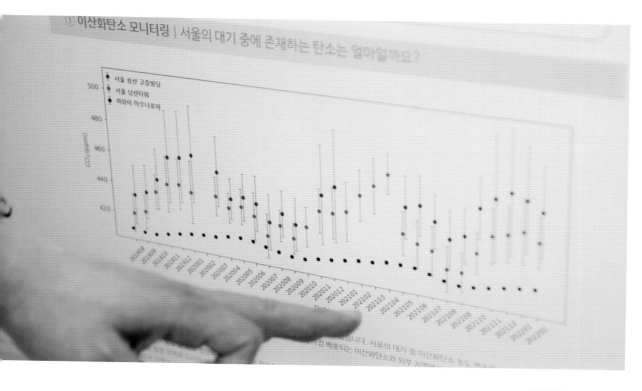

① 이산화탄소 모니터링 | 서울의 대기 중에 존재하는 탄소는 얼마일까요?

(WWF)에서 연구비를 받아 본격적으로 진행하고 있죠. 대기 중 미세먼지와 이산화탄소, 마이크로 플라스틱이 생태계에 미치는 영향을 증명하려고요. 2400마리가량의 꿀벌에 무선주파수 식별 장치(RFID)를 장착하고, 벌통 안에 온도·습도·미세먼지·이산화탄소 농도를 측정할 수 있는 센서를 붙여두었어요. 서울대학교와 은평구 도시 양봉업체, 제주도 한라산에서 관찰하고 있어요.

결과가 궁금해요.
몇 달 사이에 알게 된 사실들이 있어요. 대기 질이 나쁜 날엔 벌통 외부보다 내부가 영향을 더 받아요. 꿀벌은 날갯짓으로 벌통 안의 온도와 습도를 조절할 수 있지만, 미세먼지는 안 돼요. 온몸으로 숨을 쉬는 벌에겐 특히 치명적이죠. 대기 질이 나쁠수록 벌이 꿀을 따서 집으로 돌아오는 시간이 길어져요. 벌은 인간처럼 앞을 보고 길을 익히는 게 아니라 빛의 산란 정도, 편광을 파악해 집을 찾거든요. 공기에 온실가스, 미세먼지, 마이크로 플라스틱이 많아지면 편광이 불안해져요. 평소 40분 소요되던 길을 70분 이상 걸려 돌아와요. 갑자기 퇴근길에 2배 이상의 시간이 걸리는 셈이죠. 이러니 벌이 살기 어려울 수밖에요.

벌의 실종 원인이 태양광과 농약 때문이라는 얘기도 있었어요.
태양광에서 나오는 전자파, 휴대폰 사용 증가에 따른 기지국 설치, 온도 상승 등 온갖 추측이 있었죠. 이 중 우리나라에서 밝혀진 건 하나도 없어요. 다 해외의 연구 결과를 인용한 거예요. 얼마 전 벌의 실종과 관련해 우리나라에선 어디까지 연구가 되었는지 묻는 기자가 있었어요. 제가 "우리나라는 아는 게 하나도 없다"고 답했는데, 그게 제목으로 나갔어요. "아는 게 없다. 꿀벌 실종 미스터리… 2000마리 가슴 추적 칩 단다"라고요. 과학원과 정부 단체 등에서 전화를 많이 받았죠. "아무리 그래도 교수님, 그렇게 말씀하시면 어떻게 합니까?"라고 따져 물으면서도 고맙다고 하더라고요. 이런 얘기를 누군가가 해야 관련 연구를 진행할 수 있게 된다면서요.

연구만으로 바쁠 텐데 신문 기고도 하고, 매체 인터뷰에도 자주 참여하고 있어요.
문제의 심각성을 알리려고요. 경향신문에 기고하는 <정수종의 기후변화 이야기>가 시작이었어요. 써놓으니 고위직 공무원까지 생각보다 많은 사람이 기사를 읽더라고요. 탄소 중립 정책 발표 이후로는 더욱 신경 쓰고 있어요. 새로운 화두와 유행이 시작되면 잘못된 정보가 돌기 마련이거든요. 많은 사람이 제대로 알길

바라고, 사람들에게 필요한 정보를 적극적으로 세상에 내보내야겠다는 생각을 해요.

신경 쓸 일이 많네요. 그중에서도 가장 공을 들이는 일이 있다면요?
고등학생을 위한 '기후변화와 환경 생태'란 과목의 교과서를 만들고 있는데, 그 일에 가장 공을 들이고 있어요. 지금 교육과정에서는 기후변화라는 주제를 지구과학 교과서에 다섯 페이지에 걸쳐 다뤄요. 겉핥기에도 못 미치는 양이죠. 이번에 교과과정이 개편되면 내년부터 초·중·고 학생들이 기후변화 교육을 받아요. 요즘 어린 친구들은 정말로 기후 감수성이 예민하거든요. 이런 교과과정과 제대로 된 교육이 세상을 바꿀 거라고 확신해요.

탄소 순환 문제에 대해 관심과 연구 진척도가 떨어지는 서울이지만, 그럼에도 불구하고 미래를 긍정적으로 보시나요?
네. 서울은 지금이 정점이에요. 더 나빠질 일보다 나아질 일만 남았죠. 이 도시는 더 이상 개발을 목표로 삼을 수 없어요. 탄소 배출 위주로 발전하기보다 환경친화적 도시로 가는 방향만 열려 있어요. 곧 4등급 경유차는 아예 서울로 진입도 못 하게 된다는 뉴스 들었죠? 더 이상 탄소를 배출할 수 없도록 서울도 많은 게 바뀔 거예요.

교수님이 보시는 서울의 가능성은 어디에 있나요?
서울은 차도 많고 건물도 많고 가스도 많이 쓰지만 녹지도 많아요. 전체 면적의 4분의 1 정도가 녹지예요. 관리만 잘하면 배출을 상쇄하는 효과를 발휘할 수 있어요. 나무가 잘 자랄 수 있도록 물 공급과 토양 관리에 더 신경 써야 합니다.

당장 서울 시민은 뭐부터 해야 할까요?
할 수 있는 일을 찾아야지요. 저 같은 연구자가 문제점을 정확하게 집어내면, 집중적으로 시간과 노력을 투자해야 할 부분이 보일 겁니다. 그렇게 뭐라도 알게 되었으면 바로 실천하세요. 도시의 탄소 배출만 해결해도 이 세계는 문제없을 겁니다. 우리는 계속 지구에서 살 수 있을 거고요. 그렇기 때문에 서울의 역할은 매우 중요합니다.

정수종 교수가 서울의
이산화탄소 농도를 측정하는 법

1.

튜브를 통해 공기를 흡입한다.

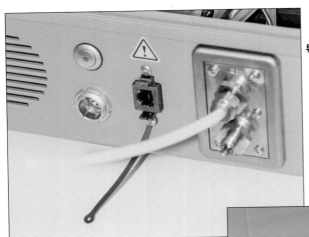

2.

흡입한 공기에 빛을 쏜다.
이산화탄소가 특히 좋아하는
적외선 내 특정 파장대를
이용한다.

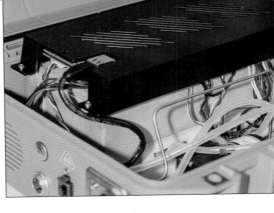

3.

100%의 빛을 시트에 쏘았을 때
80%가 통과하면 이산화탄소가
20%의 빛을 흡수했다고 여겨
이 농도를 숫자로 기록한다.

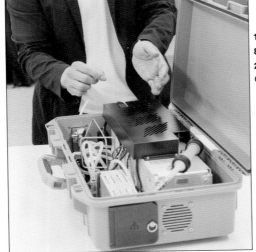

남산타워의 대기 중
이산화탄소 농도 측정 장비

1025.99ppm의
이산화탄소가 담긴
산소통을 연결한다.
대기의 공기를 유입해
표준값에서 달라지는
정도를 테스트한다.

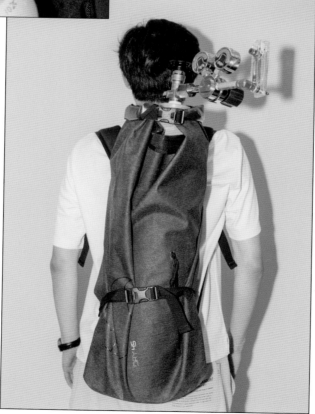

시간이 지나면서 정확도가
떨어지기 때문에 2주마다
교체한다. 스쿠버다이빙용
가방에 넣어 3층짜리
사다리를 타고 남산타워
꼭대기에 오른다.

66

우리에게 떠넘기지 마세요

99

EDITOR. Sumi Kim / PHOTOGRAPHER. Hoon Shin

어른들은 아이들에게 가르친다.
기후변화로 지구가 점점 살기
나빠진다고. 그러니 열심히
노력해서 기후 위기를 막아야
한다고. 하지만 정작 아이들의
눈에 어른들은 별걱정 없이
탄소를 펑펑 쓰는 것 같아 보인다.
이에 열 살 어린이들이 묻는다.
"미래는 우리 것이라면서,
왜 함부로 쓰고 제대로 돌려주지
않나요?"

66
아름다운 곳에
석탄발전소를
짓지 마세요.
99

66
서울 사람이
쓸 전기를
왜 삼척에서
가져가는 거죠?
99

2022년 12월 28일, 탈석탄법 제정 촉구 국회 앞 1인 시위

한국은 국내외 탈석탄 요구에 맞춰 노후 석탄발전소를 폐쇄하고 있지만, 한편에서는 신규 발전소를 짓고 있다. 그중 하나가 삼척석탄화력발전소다. 삼척 시민들이 30년간 반대한 끝에 핵발전소 건립을 겨우 막은 일이 무색하게도 이 지역에는 2023년 10월에 석탄화력발전소 1호기, 2024년 4월에 2호기가 들어선다. 건설 중단을 요구하는 시민들의 거센 요구에도 정부가 '적법한 절차'라는 입장만 되풀이하자, 시민들은 삼척석탄화력발전소 철회 근거를 마련하기 위해 5만 명의 동의를 얻어 탈석탄법 제정 청원을 제출했다. 그러나 국회에 상정된 지 수개월이 지난 현재까지도 입법 논의는 표류 중이다. 2022년 11월과 12월에는 어린이들이 직접 나서기에 이르렀다. 국회 앞 릴레이 1인 시위에 어린이 기후 활동가들이 참여한 것이다. 류가람 어린이는 영하 5℃의 쌀쌀한 날씨를 무릅쓰고 국회 앞을 지켰다. 손수 그림을 그리고 문구를 적은 손팻말을 들고서.

66
우리가 크면 너무 늦습니다.
우리한테 떠넘기지 마세요.
바로 지금, 탄소 배출을 훨씬 많이
줄여야 합니다.
99

2022년 6월 13일, 아기 기후 소송

전 세계 최초로 만 5세 이하 어린이들이
청구인에 포함된 기후 소송이다. 태명이
'딱따구리'인 20주 차 태아가 대표 청구인이며,
5세 이하 어린이 39명, 6~10세 어린이 22명이
참여했다. 어린이들이 소송을 불사한 이유는
2030년까지 국가 온실가스 배출량을 2018년
대비 40% 감축하겠다는 탄소중립기본법
시행령 때문이다. 국가가 2030년까지
온실가스 감축 목표 40%를 달성하더라도
지구온난화를 멈출 수 없고, 결국 미래를
살아가는 아이들은 더욱 혹독한 탄소 감축
요구에 직면할 것이다. 어른들은 탄소를 실컷
써놓고 현실과 타협하면서, 미래 세대가
감당해야 할 극단적인 탄소 감축을 외면하는
셈이다. 아이들은 자신들의 행복추구권을
침해하지 말라면서 어린이들이 어른이
되기 전까지 어른들이 쓴 탄소는 어른들이
감축해달라고 외쳤다. 2022년 헌법재판소
앞에서 열린 아기 기후 소송 기자회견에서 열
살 한제아 어린이는 청구인 발언을 했다.

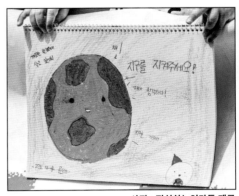

사진 : 정치하는엄마들 제공

66

기후 위기가 심각해진 미래에 지금의 어른들은 없고, 바로 우리가 고통스럽게 살아갈 것입니다.

99

어린이 기후 활동가 한제아, 류가람

둘이 동갑이죠? 꽤 친해 보이는데 전에 만난 적 있어요?

가람 → 인권위원회 앞에서 모였을 때 만났어요.

제아 → 만난 적 있어요. 전에 시위할 때.

* 2023년 6월 12일, 아기 기후 소송을 포함해 헌법재판소에 계류된 기후 소송(헌법소원) 총 네 건의 판결을 촉구하기 위해 60+기후행동과 정치하는엄마들이 의견을 제출하는 자리에 두 어린이도 참석했다.

오늘이 두 번째구나. 처음 만났을 때는 어땠어요?

가람 → 되게 어색했어요. 그때는.(웃음)

그새 친해졌나? 오늘은 되게 오래된 친구 같아 보여요. 서로 어떤 친구라고 생각해요?

제아 → 1인 시위라는 게, 저도 학교 앞에서 엄마랑 같이 해봤는데, 너무 떨리죠. 그걸 (가람이가) 한 게 너무 대단했어요. 저는 막 뒤에 숨어 있고 그랬거든요.

가람 → 제아가 앞에서 발언하는 모습을 봤는데, 정말 잘하더라고요.

두 친구 다 환경에 관심이 많고 적극적으로 활동도 하는데요, 평소에 기후가 진짜 나빠지고 있다는 걸 느낄 때가 있어요?

제아 → 지금(6월 중순)이 완전히 여름은 아니잖아요. 그런데 막 30℃까지 올라가고, 이번 7월은 2~3일 빼고 다 비가 온대요. 그게 다 기후변화 때문이죠.

가람 → 저도 제아랑 비슷한 생각을 했어요. 사계절이 아니라 이계절이 된 것 같아요. 엄마랑 외할머니가 보는 뉴스 같은데서도 기후 위기가 심하다고 자주 나오고요.

그런 얘기를 접하거나 직접 느낄 때 기분이 어때요?

제아 → 인형 같은 것도 많이 쓰면 꿰매거나 해야 되잖아요. 그런데 그런 인형을 어른들이 안 꿰매고 귀찮아서 버려버리는 느낌이에요.

제아는 작년에 헌법재판소 앞에서 아기 기후 소송 청구인 발언을 했죠. 그때 "어른들은 우리 미래와 별로 상관이 없습니다"라고 얘기했는데, 왜 그렇게 생각해요?

제아 → 나중에 우리가 성인이 되면 어른들은 사라지고 우리만 남을 텐데, 지금처럼 하면 환경이 엄청 안 좋아져 있을 거잖아요. 근데 지금 어른들은 환경에 별로 신경을 안 쓰는 것 같아요.

왜 그런 생각이 들어요?

제아 → 적반하장이라고, 어른들이 탄소 배출 줄이는 법(정책)을 만들었잖아요. 그런데 서로 다른 사람들한테 미루고, 어린이들에게만 시키는 것 같아요. 탄소 배출 줄이겠다는 약속을 안 지키고, 그린워싱 같은 것도 있잖아요. 그런 것도 무책임하다고 생각해요.

기억에 남는 그린워싱 사례가 있어요?

제아 → 어떤 회사가 종이로 된 화장품을 만들었는데, 로션 같은 게 종이에 담겨 있었어요. 근데 어떤 사람이 그걸 뜯자 그 안에 플라스틱이 있었어요. 그런데도 대놓고 '나는 종이야'라고 쓰여 있어서 기억에 남아요.

이런 생각들 때문에 아기 기후 소송에도 참여한 거예요?

제아 → 네. 원래 환경에 관심이 많았는데, 엄마가 물어봤을 때 해보고 싶다고 말했어요. 지구가 진짜 위험해지고 있잖아요. 그리고 잘 생각해보니까 미래에는 우리만 남는데, 아무도 책임을 안 지려고 하잖아요.

어른들이 뭔가 좀 해줬으면 했구나. 가람이는 집이 서울이죠? 그런데 어떻게 삼척에 석탄화력발전소 짓는 걸 반대하게 됐어요?

가람 → 처음에는 엄마를 통해서 듣고, 삼척에 사시는 하태성 아저씨(손팻말 시위를 진행하는 하태성 삼척석탄화력발전반대투쟁위원회 상임대표)를 만나서 좀 더 자세히 알게 됐어요.

뭐라고 알려주셨어요?

가람 → 석탄을 많이 태워서 전기를 만드는 거라고 했고, 서울에 보내려고 거기서 전기를 만들려 한다는 것도 알려주셨어요. 삼척으로 가는 길에 송전탑이 되게 많더라고요.

하지만 서울에는 많은 에너지가 필요하잖아요. 다른 지역에서 만들어가지고 보내는 게 어쩔 수 없는 측면도 있는 것 아닐까요?

가람 → 그래도 수력발전이나 풍력, 조력 같은 재생에너지도 많은데 굳이 석탄발전을 할 필요는 없다고 생각해요. 2050년까지 정부가 탄소를 좀 더 줄이겠다고 했는데, 그걸 지어도 되는지 모르겠어요. 그리고 여기서 쓸 전기를 거기서 만드니까… 삼척에 반대하는 문구가 걸려 있는 것도 많이 봤어요.

1인 시위라든지 법을 만들어달라는 얘기는 어른들이 앞장서야 하는 일 같은데요, 가람이가 나서야겠다고 생각한 이유가 뭐예요?

가람 → 어른들은 관심이 별로 없는 것 같기도 하고, 어린이가 팻말을 들고 있으면 더 보지 않을까 싶기도 했어요.

어른들이 왜 관심이 없는 것 같다고 느꼈어요?

가람 → 석탄은 탄소 배출을 많이 하고 사람들이 싫어하는데, 계속 발전소를 지으니까요.

국회 앞에서 1인 시위를 해보니 반응이 어땠어요?

가람 → 사람들이 많이 바라보진 않았어요. 관심이 없는 것 같았어요.

추운 날씨였다고 들었는데, 속상했을 것 같아요. 그래도 둘 다 직접 이런 활동을 통해 여러 사람을 만나면서 힘이 났다거나 그런 부분도 있었을 것 같아요. 그동안은 주변 사람들이 잘 몰라주거나 그랬을 것 같고요

제아 → 음, 그런데 학교에서도 환경문제, 탄소 배출에 대한 걸 배우거든요. 그래서 요즘은 친구들한테 환경 얘기를 하면 다 문제가 있다고 하면서 공감해줘요.

가람 → 저도 팻말 만드는 걸 친구들이랑 같이 했어요. 원래는 친구들도 같이 가고 싶어 했는데, 그러지 못했어요. 그래서 팻말만 같이 만들었어요.

어린이들도 환경문제가 심각하다고 많이들 생각하고 있구나. 그러면 제아랑 가람이가 평소 환경을 위해서 실천하는 일은 뭐예요?

가람 → 집이나 학교에서 밥 같은 거 안 남기려 조금씩 받고, 안 쓰는 불 끄는 거랑 콘센트 뽑는 거?

다 같이 그런 에너지를 조금씩만 절약해도 서울에서 쓰는 전체 에너지를 줄일 수 있을 거예요. 그러면 다른 지역에 석탄화력발전소 같은 걸 안 지어도 될 테고.

가람 → 그리고 해외 제품을 사지 않고 한살림 같은 데서 산 걸 먹어요. 해외 상품은 여기까지 오는 데 비행기도 타고, 배도 타고 그래서 에너지가 많이 쓰이죠. 하지만 한살림 같은 곳에서는 국내 상품만 팔아요.

은근히 쉽지 않은 일인데, 대단하다! 제아도 실천하는 게 있을 것 같은데요?

제아 → 전에는 물건을 엄청 많이 샀는데, 버리는 것도 많고 그랬어요. 그렇지만 언젠가부터 귀여운 게 있어도 안 사려고 해요. 필요 없는 물건이니까.

그것도 되게 중요해요. 사고 싶은 마음이 들어도 좀 더 생각해보는 거죠?

제아 → 네. 나중에 어차피 버려야 하는데, 저희가 죽을 때까지도 플라스틱은 계속 남아 있을 수 있으니까요. 이모한테 10년 전에 고양이 인형을 선물받고 고양이가 너무 좋아졌어요. 그래서 고양이 인형이 되게 많은데, 이번

어린이날에는 인형 케이스를 샀어요.

인형을 사는 대신 갖고 있는 인형을 잘 보관하려는 거구나. 멋져요. 어린이들이 이렇게 노력하고 있는데, 여전히 무관심한 어른들도 있죠. 어른들이 환경문제에 너무 무책임하다고 느낄 때가 언제예요?

가람 → 벚꽃 놀이를 가면서 자동차를 타고 가는 것도 그렇고, 일회용품도 많이 쓰는 것 같아요. 쓰레기도 아무 데나 버리고요.

제아 → 학교에서 생태 교육을 하는데, 수업으로 환경에 관한 걸 배워요. 지금 환경 공부를 해야 할 건 어른들인데, 우리한테 그걸 다 막으라고 하는 거 같아요. 그래도 환경에 대해 배우는 게 좋은데, 그런 걸 또 폐지한대요.

> *서울시의회에서 2023년 5월 30일 생태 전환 교육 관련 조례 폐지안을 발의했다. 생태 전환 교육 조례는 자연과 기후변화에 관한 교육을 담은 지자체 법안으로, 교육청의 생태 전환 교육 시행에 필요한 근거 규정을 담고 있다. 조례 폐지에 찬성한 의원들은 생태 전환 교육 전반을 지원해야 하는 기금이 농촌 유학에만 쓰인다고 지적했다.

만약 어른들이 아무 노력을 안 해서 계속 지구가 나빠진다면, 제일 무서운 게 뭐예요?

제아 → 저한테 사촌 동생이 있는데, 이제 두 살이거든요. 엄청 작은 아기예요. 근데 지구 온도가 1.5℃ 더 높아질 때 사촌 동생은 거의 성인일 거거든요. 그때쯤에는 막 자유롭게 뭐든 하고 싶을 거잖아요. 근데 그럴 때 지구가 멸망할까 봐 걱정이 돼요. 지금처럼 뛰어놀지도 못하고.

가람 → 더울 땐 너무 덥고, 추울 때는 너무 춥고. 그러면 또 에어컨이나 히터를 틀고, 그러면 또 더 더워지고, 더 추워지고, 그러면서 점점 지구가 더 빨리 망가질 것 같은 생각이 들어요.

어른들이 더 잘해야겠다는 생각이 많이 드네요. 2050 년까지 지구 온도가 1.5℃ 이상 오르지 않게 막아야 한다고 하잖아요. 2050년이면 둘 다 서른여덟 살이더라고요. 각각 어떤 어른이 되어 있을 것 같아요? 그리고 둘이 서른여덟 살일 때는 세상이 어떨 것 같아요?

제아 → 저는 아이돌 가수나 배우를 해보고 싶어요. 그리고 어른이 됐을 때 사람들이 노력해가지고 점점 환경 운동을 엄청 넓혀서 나중에는 도로가 풀밭 같은 느낌이고, 자동차 대신 자전거를 사용하는 그런 세상이면 좋겠어요.

가람 → 저는 어린이집 선생님이 꿈이에요. 그때는 지금보다 기후가 더 나빠져서 실내 같은 데에서도 공기가 안 좋을 수 있고, 아니면 반대로 더 좋아질 수도 있을 것 같아요. 근데 더 좋아졌으면 해요. 지금은 재생에너지를 쓰는 게 거의 8%도 안 된다고 하는데, 그것도 더

늘려갔으면 좋겠고요. 그래서 온도가 내려가고 사계절을 잘 느낄 수 있으면 좋겠어요.

어떤 계절을 제일 좋아해요?

가람 → 여름.

아이고, 여름을 제일 좋아하는데 너무 더워서 힘들구나.

제아 → 근데 지금은 환경에 대해 많은 걸 배우잖아요. 그래서 미래에는 어른들 대신 우리가 있으니까 더 새롭게 시작하는 지구가 될 거라고 생각해요.

건물이 바뀌어야 서울이 바뀝니다

PEOPLE

EDITOR. Kyounghwa Jung / PHOTOGRAPHER. Hae Ran

서울시가 배출하는 온실가스 중 건물이 차지하는 비중은 무려 68%. 탄소 중립 목표를 달성하기 위해 건물 부문에서 온실가스를 감축하는 것이 중요한 이유다. 글로벌 대도시에서는 이에 대한 해법으로 '목조건축'을 제시한다. 목조로 고층 빌딩을 짓는가 하면 도시 목조화를 시도하며 뿌리에서부터 변화를 꾀한다. 그렇다면 서울은 살아남기 위해 어떻게 바뀌어야 할까? 오랫동안 목조건축을 설계해온 건축가 조남호에게 서울의 도시 목조화와 그로 인해 바뀔 도시의 풍경에 대해 물었다. 청명한 초여름의 어느 날, 그가 설계한 인왕산 숲속쉼터에서 건축가를 만났다.

건축가 조남호

주말에 미리 이곳에 와봤는데, 산의 풍경이 내다보이고 사람들이 조용히 책을 읽는 모습이 너무 좋았어요.

사람들이 이곳을 좋아하는 이유 중 하나가 차나 커피를 팔지 않아서예요. 쉼터는 핫 플레이스가 될 필요는 없는 것 같아요. 지나가는 사람 몇몇이 들어오는 것으로 충분하죠.

맞아요. 이런 곳은 북적이지 않을 때 오히려 좋아요.

목적지라기보다는 지나가다 '어, 이런 데가 있네' 하고, 마음이 내키면 들르는 경유지처럼 느끼길 바랐어요. 그래서 부러 길에서 반 층 내려와 진입하도록 했고, 입구도 크게 드러나도록 만들지 않았습니다.

원래는 초병이 생활하던 내무반을 쉼터로 바꿨더라고요.

1968년 북한 무장 군인들이 청와대를 습격하기 위해 인왕산에 침투한 사건이 있었어요. 그 이후 북악산과 인왕산에 30여 개의 경계초소가 생겨났고, 오랫동안 시민의 출입이 통제되었죠. 2018년까지도 그중 20개 정도는 남아 있었어요. 초소가 있다는 것은 군에 의해 통제되는 지역이라는 걸 의미해요. 지난 정부는 이곳을 온전히 시민한테 돌려준다는 뜻에서 보전 차원으로 2개만 남겨두고 나머지를 모두 철거했습니다. 초소는 감시를 위해 초병이 근무하며 경계를 서는 시설이에요. 이곳은 초병들이 생활하던 공간이었고요. 등산로와 가깝기는 하지만 군인 시설이라 외부에 드러나 있지 않죠. 또 전망이 좋거나 눈에 띄는 장소가 아니라 폭 싸여 있고요. 그러다 보니 자연스럽게 쉼터라는 특성을 갖게 됐습니다.

감시하던 공간이 풍경을 조망하는 공간으로 바뀌었네요.

기존 초소에서 콘크리트 기둥과 바닥만 남기고, 그 위에 목구조 쉼터를 만들었습니다. 생태 전시관 같은 아이디어도 있었지만, 인왕산을 찾는 이들을 위한 작은 쉼터가 가장 좋겠다고 생각했죠. 약간의 프로그램을 위해 책을 갖다 두었고요. 때로는 시민 단체가 이용하는 것도 좋을 듯싶어요. 이를테면 목요일 오후에는 한 달에 한 번 시인 모임을 연다든지 하는 식으로요. 그런 모임을 열 수 있도록 커다란 테이블을 만들었죠.

산속이라 작업하기가 쉽지 않았겠어요.

대부분의 재료는 헬기로 옮겼어요. 부재를 공급받아

현장에서는 조립만 했습니다. 목구조의 강력한 점은 이런 요소예요. 철근콘크리트 구조의 건물은 철근을 배근하는 것부터 거푸집을 짜고 콘크리트를 붓기까지 수많은 과정이 현장에서 이뤄집니다. 반면, 목구조는 부재 대부분을 공장에서 가공하죠. 심지어 볼트를 끼울 구멍까지 뚫어가지고 옵니다. 현장에서는 조립만 해서 완성하는 거죠.

어떤 분위기의 공간이 되기를 의도하며 설계했나요?

바깥 풍경이 충분히 들어오면서도 실내는 편안한 분위기이기를 바랐어요. 어떤 장소에 방문했을 때, 모두 유리창으로만 둘러싸여 있으면 굉장히 어수선해요. 반대로 창이 적을수록 안정감을 느끼고요. 이곳에서 기둥과 천장은 액자의 프레임처럼 영역을 한정하는 역할을 합니다. 이런 요소가 아늑함을 만들죠. 동시에 시선이 어딘가에 막히지 않고 풍경을 향해 확장되면 좋겠다고 생각했어요. 이 구조에서 특이한 점이 뭐라고 생각하세요?

조사하다가 발견한 사실이긴 한데, 기둥이 지붕을 받치는 게 아니라 끼워져 있어요. 지붕은 큰 덩어리 대신 여러 개로 쪼개진 형태이고요.

맞아요. 한옥엔 기둥과 보가 있고 그 위에 도리와 서까래를 짜맞춰요. 철근콘크리트 구조의 건물과 구분되는 목구조의 특성이 부재가 만나는 모습에서 드러나는 것인데, 이 건물은 짜맞춘 것처럼 보이지 않죠. 사실, 천장 안쪽에는 수직 방향으로 보가 나 있어요. 만약 이 보가 겉으로 드러나 있다면 바깥으로 향하던 시선이 한 차례 끊기겠죠. 풍경이 공간 깊숙한 곳까지 들어오는 장면을 만들고 싶었기 때문에 보를 안으로 숨겼어요. 그 결과 지붕 판이 바깥 풍경을 힘 있게 끌어들이는 역할을 하게 됐죠. 실제로는 결구가 있지만 결구가 아닌 것처럼 보인다고 해서 저는 이 구법을 비결구적 결구라고 정의합니다.

일반적인 목구조 건물과는 다른 표현을 한 것이네요. 처음부터 다르게 만들겠다는 의도가 있었나요?

제 의도이지만, 한편으로는 현대 목조건축이 철근콘크리트 구조의 모습을 닮아가기도 해요. 예를 들어, (기둥을 가리키며) 저기 보이는 목재 기둥은 원목을 깎아 만든 게 아니라 나무를 잘라 집성한 거예요. 저 안에 철근을 넣거나

힘을 가해 강도를 높일 수도 있죠. 합판을 여러 장 겹쳐서 커다란 면재를 만들어 고층 빌딩의 바닥 판으로 쓰기도 합니다. 그러면서 목재 고유의 물성과는 멀어지죠. 이러한 현대 목조의 현상을 조금 앞서서 보여준 거죠.

소장님은 20년 넘게 꾸준히 목조건축을 해오셨어요. 한국에서는 대부분의 건축물을 철근콘크리트 구조로 짓는데, 어떤 계기로 목조건축에 관심을 두고 작업하게 되셨나요?
1995년 사무실을 열고 1997년 말에 IMF가 터졌어요. 이후 일이 거의 절반으로 줄었는데, 직원은 그대로였죠. 차마 해고는 할 수 없어서 월급을 줄이더라도 조직을 유지하기로 했어요. 그때는 모두가 동의했죠. 밖은 더 황량했으니까요. 직원 수는 그대로인데, 일은 절반이니 시간이 많잖아요. 물론 건축사무소는 작은 일도 오랫동안 할 수 있는 능력이 있지만(웃음), 그때 일하는 동시에 학습하는 조직이 되자고 다짐하며 목조를 비롯해 여러 가지를 공부했어요. 그러다 시공도 해보면서 2000년대 초에 여러 건축물을 목조로 설계하고 짓게 됐죠. 그때 곧 목조의 시대가 올

것이라고 생각했어요. 단순히 아름다워서가 아니라 건축 재료로서 굉장히 유리했거든요. 그런데 오지 않더라고요. 지금까지도요.

왜 오지 않은 걸까요?
우리나라는 모든 법규가 철근콘크리트 건축 위주로 되어 있어요. 예를 들어, 공동주택은 온전히 목조로 지을 수 없어요. 층간소음 때문에 바닥은 철근콘크리트를 20cm 이상의 두께로 시공하도록 법규로 정해놓았거든요. 목재로 차음 성능이 더 뛰어난 바닥을 만들어도 쓸 수 없는 상황인 거죠. 이러한 문제는, 좀 더 거슬러 올라가면 우리가 근대를 주체적으로 맞이하지 않은 것에서부터 시작됐다고 봐요. 새로운 문화가 들어와 갈등이 발생하면 조정을 거쳐야 하는데, 한국은 일시에 한옥이 아파트로 바뀌었어요. 어떤 건축을 만들어갈지에 대한 공동의 사유가 없었죠. 지금도 마찬가지입니다. 해오던 방식에 익숙해져서 고민하기보다는 체계화된 과거의 관습만을 관성대로 좇는 것 같아요.

사람들은 목조건축이 철근콘크리트 건축물만큼 견고하지 않다고 생각해요. 방음이나 방수, 내화에 대한 걱정도 크고요. 이런 점들이 목조를 꺼리게 만든 요인인 것 같기도 합니다.

모든 재료엔 일장일단이 있어요. 단점을 방어하는 방식으로 구조 시스템을 만들고, 고유한 문제점을 개선하면서 설계하는 것이 건축가의 테크닉입니다. 목재에도 단점이 있지만 표면 처리와 가공을 통해 꾸준히 성능을 개선하고, 단점을 상쇄하는 방향으로 구조 시스템이 발전해왔어요. 구조체로 필요한 성능이 떨어져서 목조를 사용하지 못하는 상황은 아닌 거죠.

목조를 꺼리기는 하지만 사실은 그렇지만도 않은 고정관념을 예를 들어 소개해주신다면요?

목재와 콘크리트, 철근으로 같은 크기의 부재를 만들면 목재가 가장 약해요. 하지만 이런 부재로 건물을 지은 후에 무게를 비교하면 목조가 훨씬 효율적입니다. 무게가 가볍기 때문이에요. 고층 건물은 그 자체의 무게를 지지해야 하기 때문에 부재의 크기가 커야 하는데, 목조건물은 자중이 매우 가벼워요. 단점이자 장점인 셈입니다. 또 다른 이슈로는 내화 문제가 있어요. 목재는 타들어가는 성질 때문에 언뜻 약해 보이지만, 실제 문제를 발생시키는 요인을 봤을 때는 다를 수 있어요. 목재는 열전달이 잘되지 않습니다. 불에 타더라도 안쪽은 오랫동안 버텨요. 반면, 철과 콘크리트는 열전도가 잘되는 재료라 고온의 환경에 놓으면 안쪽까지 모두 손상됩니다. 철근은 버티지 못해 휘어져버리고요. 그리고 화재가 발생하면 대부분은 유독가스 때문에 죽어요. 그런 의미에서 보면, 목조가 철근콘크리트 구조 건물보다 나은 선택일 수 있죠.

오히려 철근콘크리트 건축이 너무 보편적이다 보니 목조의 장점을 발견하지 못하는 것 같기도 해요. 반대로 목조건축의 장점에 관해서도 얘기해보고 싶어요. 특히 친환경 면에서요.

가장 큰 장점은 탄소를 저장하는 능력이에요. 전 과정 평가라는 개념이 있어요. 건물 한 채를 지으며 재료의 가공과 운송, 폐기에 이르는 전 과정에서 탄소를 얼마나 배출했는지 측정하는 것인데요, 결과를 보면 콘크리트 대신 목재를 이용하면 탄소가 50% 정도 줄어들어요. 그런데 이는 목재의 탄소 저장 능력은 고려하지 않은 것입니다. 나무는 성장하다가 일정 시기가 지나면 탄소 저장 능력이 떨어져요. 그때 적당량을 베어내고 그 자리에 새로운 나무를 심어 다시 탄소를 흡수하도록 하고, 베어낸 목재는 가구나 건축 재료로 사용하면 건축물이

철거될 때까지는 탄소 저장 상태를 유지하죠. 그렇게 계산하면 1m³의 목재를 사용할 때 약 0.25톤의 탄소를 줄일 수 있어요. 친환경 측면에서 탄소 저장이 가장 큰 강점이고, 보다 적극적으로 해석하면 배출을 줄이는 것이 아니라 목재 자체로 탄소를 마이너스로 바꿀 수도 있다는 것입니다. 하지만 아직은 이러한 평가에 대해 주체마다 의견이 다르고 전 세계적으로도 통합된 기준이 없어요.

친환경 건축, 더 나아가 친환경 도시를 실현하는 데 목조건축이 새로운 가능성이 될 수 있을까요?

목조가 얼마나 좋고 아름다운지에 대해서보다 일반적인 환경에서 얼마나 합리적인지에 관해 이야기하는 게 더 중요한 것 같아요. 2004년에 서울시립대학교 건축학부 건물을 설계했어요. 그 건물은 슬래브와 기둥, 보만 콘크리트로 시공하고 벽체는 모두 목구조로 지었어요. 이런 세부적인 것까지 말씀드리는 게 좋을지 모르겠지만, 그림을 그려볼게요. 콘크리트로 벽을 만들면 바깥에 단열재를 덧대요. 또 콘크리트는 표면을 평평하게 하기 어렵다 보니 석재나 금속 같은 마감재를 붙일 때는 사이에 벽을 한 겹 더 만들어야 해요. 그런데 목조 벽체는 각재로 틀을 세우고 그 틀 사이에 단열재를 집어 넣어요. 그리고 석고보드를 대고 마감재를 붙이면 끝나요. 후자가 훨씬 얇고 효율적이죠. 당시 벽체를 목재로 지은 이유는 경제성이었어요. 또 한 가지, 목재로 지은 벽은 비교적 쉽게 헐어내고 새로 지을 수 있습니다. 공간을 가변적으로 유연하게 바꿔가며 쓸 수 있어요. 장수명 주택의 원리입니다. 이런 것들은 미학과 관계없이 그저 재료를 합리적으로 사용하는 방법이에요. 모든 건물을 이렇게 지어야 한다는 것은 아닙니다. 다만 콘크리트로 아름답게 구현할 의도가 없는데도 무의식적으로 그 방향만을 좇을 필요는 없다는 거죠.

그럼 서울 도심에서 목조건축을 우선 적용하면 좋을 건축물의 용도 혹은 유형은 무엇이라고 생각하나요?

'도시 목조화'라고 하면 하이테크 기술로 고층 빌딩을 목조로 만드는 걸 먼저 떠올리지만, 오히려 오피스 빌딩이나 공동주택, 학교, 근린생활시설처럼 도시 안의 가장 일반적인 유형을 바꾸는 것이 중요합니다. 일본에서는 유치원을 의무적으로 목구조로 짓도록 해요. 나이가 어릴수록 환경의 영향을 받기 마련인데, 나무는 물리적·시각적으로도 아이들에게 더 건강하죠. 또한 오로지 목조만이 아니라 앞서 소개한 방식처럼 다른 구조와 결합한 하이브리드 형태로도 얼마든지 도시 목조화를 이야기할 수 있습니다.

서울의 도시 목조화를 효과적으로 이루기 위해서는 어떤 방법이 필요할까요?

단기적으로는 파일럿 프로젝트를 통해 기술과 제도를 함께 빠르게 끌어올려야 해요. 실제로 건축물을 지어볼 때 문제점을 가장 빨리 파악할 수 있거든요. 그러면서 섬세한 기준을 잡고, 장기적으로는 대학과 연계해 서울의 목조화에 대한 연구를 활발히 해야 합니다. 콘크리트 중심인 건축 법규와 제도를 모든 재료를 포괄하는 방향으로 바꿔가야 하는데, 이를 위한 데이터가 필요합니다. 연구가 쌓여야 최소한의 기준이 생겨요. 캐나다의 브리티시컬럼비아대학교는 고층 빌딩을 비롯해 여러 목조건물을 지었고, 목조 연구도 활발합니다. 브리티시컬럼비아주의 지원도 많이 받고 있고요. 이런 식으로 시와 연구원이 보조하면서 대학이 함께 연구하면 시너지가 나지 않을까 합니다. 더 나아가서는 단순히 좋은 재료를 쓰는 것만 친환경이 아니거든요. 재료 자체는 탄소 배출량이 많지만, 건물로 지었을 때 오히려 적을 수 있어요. 재료의 강도나 결합 방식에 따라 필요한 양이 달라질 테니까요. 그런 부분까지도 섬세하게 체크할 필요가 있습니다.

도시 목조화가 이루어진 서울의 모습을 상상해본다면요?

목조 풍경이 스며들어 있지만, 단순히 시각적이기만 한 게 아니라 환경의 변화에 발맞추고 삶을 융통성 있게 만드는 목조의 장점이 잘 발현되었으면 합니다. 오로지 목조만 멋지게 차지하기보다는 세월이 지나도 변함없이 아름답게 자리를 지키는 유형과 쉽고 유연하게 바뀌는 유형이 어우러지길 바라고요.

서울시에서는 저탄소 건축과 관련해 여러 정책을 펼칩니다. 하지만 그중 대부분은 제로 에너지 빌딩(ZEB), 그린 리모델링처럼 에너지를 조절하는 측면에 가까워요. 이러한 정책에 대해 어떤 의견을 갖고 계신지 궁금해요.

지금의 제도는 현실적일지 모르지만, 몇 가지 기준만 만족하면 인정해주는 성과 위주의 단편적인 방식처럼 느껴집니다. 예를 들어, 그린 리모델링은 노후화한 건물의 단열 성능을 개선하는 제도인데요, 실내에 단열재를 넣으려면 층마다 끊기니까 작업이 비효율적이고 어렵죠. 그래서 대개는 외피를 덮어씌워요. 이렇게 에너지 성능을 높이겠다는 목표를 위해 겉모습만 바꾸는 것이 오래가는 건물을 만드는 방법과 일치할까요? 100년, 200년 된 건물이 남는 것은 내구성 때문이 아니라 그 건물의 정체성 때문입니다. 훌륭해서 살아남는 거죠. 고유한 역사성이 있고 아름다우면 교회가 도서관이 되기도 하는 것처럼요. 그린 리모델링을 하면서 과거의 정체성을

유지하려는 고민을 할까요? 그렇지 않아요. 입찰 경쟁으로 따내는 프로젝트에서 그런 고민을 하기를 바라는 건 어불성설이죠. 한국은 30년만 지나면 건물을 부수고 다시 지어요. 강남은 아파트 단지 전체를 새로 짓죠. 이러한 상황이 사실 훨씬 심각합니다. 어떤 의미에서는 아름다운 것이 가장 친환경적일 수 있어요. 오래가니까요. 목조로 만들어도 몇 년마다 부수고 새로 지으면 친환경이라 볼 수 없어요. 에너지 중심의 사고에서 벗어나 미학이나 역사성을 전체적으로 고려하는 평가 기준이나 좀 더 근원적인 시각에서 건물을 지속하는 방법에 대한 고민이 필요합니다.

목조건축이 자리 잡기 위해서도 아름다운 목조건물이 많이 생겨야 한다고 봐요. 특히 많은 사람이 그 가치를 느낄 수 있는 공공 건축에서요. 지금 이곳처럼 말이죠. 그렇지만 한국 건축가는 목조건축에 별로 관심이 없는 것 같아요.

아직 한국의 건축가는 지식인이 아니라 주어진 기술을 반복하는 기능인에 머물러 있어요. 그래서 이번 팬데믹 상황이 기회라고 생각해요. 역사적으로도 전염병이 인류를 발전시켰다고 평가하잖아요. 그런데 지금은 코로나19라는 재해가 닥쳤지만, 과학기술의 발달로 발 빠르게 대응하다 보니 자각하는 게 훨씬 적습니다. 만일 이 상황이 치명적이었다면, "바꾸지 않을 경우 우리는 멸망해"였다면 당장 뭘 해야 할지 고민하겠죠. 지금의 상황을 더 자각해야 합니다. 꼭 목조가 아니더라도 전체적으로 무엇을 어떻게 바꿔야 하는지 사회 전체가 질문을 던져야 하고, 각자의 영역에서 답을 해야 해요. 건축가는 결국은 물리적으로 짓는 사람이거든요. 물리적 해답이 없으면 우리가 하는 대답은 큰 의미가 없어요. 목조는 상징적인 거라 생각해요. 건축가 입장에서는 부분에서 시작해 전체를 고민하게 하는 방식이고, 재료 면에서는 50년이면 나무가 자라니까 가장 빠르게 재생되는 재료예요. 그래서 순환 구조를 생각하기에 가장 효율적이죠. 이렇게 목조를 통해서 배우는 방법을 다른 부분을 고민하는 것에 적용하면 많은 게 달라질 겁니다.

조남호가 소개하는
주목할 만한
세계의 목조건축

호호 빈 Hoho Wien(2020)
오스트리아 빈의 아스퍼른 Aspern에 위치한 24층 규모의 공동주택. 오스트리아의 설계사무소 RLP(Rüdiger Lainer+Partner)가 설계한 것으로, 지속 가능한 스마트 시티를 추구하는 도시계획에 맞춰 목조와 철근콘크리트 구조를 조합한 하이브리드 건축물로 지었다. 주거 공간이라 더욱 의미 있는 프로젝트다.

©Robert Fritz, DERFRITZ

브록 커먼스 Brock Commons(2016)
캐나다 밴쿠버에 위치한 브리티시컬럼비아대학교의 기숙사. 캐나다의 액턴 오스트리 설계사무소Acton Ostry Architects에서 설계한 18층 규모의 건물로, 엘리베이터실과 계단실은 철근콘크리트 구조로, 나머지는 목조로 지었다. 공장에서 미리 제작한 벽체와 천장을 운반해 현장에서 조립하는 방식으로 65일 만에 시공을 마쳐 목조의 효율성을 세계에 알린 프로젝트다.

©KK Law, courtesy naturallywood.com

©Michaerl Elkan Photography, courtesy naturallywood.com

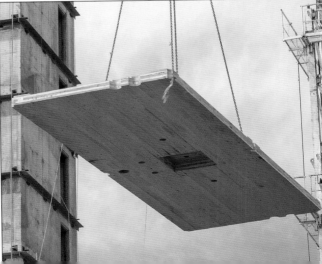

WIDC, Wood Innovation and Design Center(2014)
캐나다 브리티시컬럼비아주에 위치한 8층 규모의 목조건물. 캐나다의 마이클 그린 설계사무소 Michael Green Architecture에서 설계했고, 다양한 가공 목재를 이용해 100% 목구조로 지었다. 현재 다양한 목재 디자인을 연구·교육하는 시설과 관련 기관의 사무실로 쓰이고 있다.

©Ema Peter

엘시티 원 LCT One(2011)
오스트리아 도른비른 Dornbirn에
위치한 8층 규모의 오피스 빌딩.
오스트리아의 헤르만 카우프만
설계사무소 Architekten Hermann
Kaufmann에서 설계했다. 브록
커먼스와 마찬가지로 철근콘크리트
구조와 섞인 하이브리드 구조의
건물이다. 금속으로 마감해 겉으로는
목재가 보이지 않으면서 실내에는
목재를 아름답게 드러내 도시형 목조의
좋은 사례로 일컬어진다.

메트로폴 파라솔
Metropol Parasol(2011)
스페인 세비야의 엔카르나시온광장에
위치한 목조 구조물. 독일 건축가
위르겐 마이어헤르만 Jürgen Mayer-
Hermann이 설계했다. 가로 150m,
세로 75m, 높이 28m의 거대한
구조물로, 버섯을 닮은 6개의 파라솔로
이루어져 있다. 목재를 쌓고 접착해
만든 LVL(Laminated Veneer
Lumber)을 사용했다.

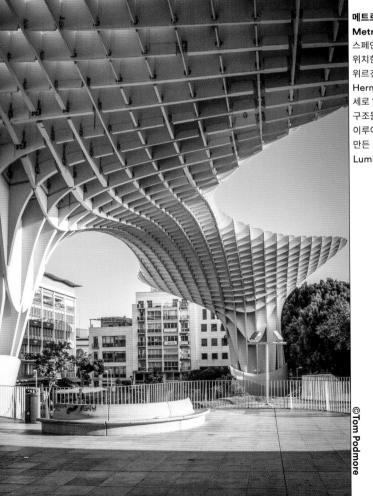

자전거는 서울의 미래를 알고 있어

PEOPLE

EDITOR. Seohyung Jo
PHOTOGRAPHER. Hae Ran

자전거 수리공이던 라이트형제Wright Brothers는
균형을 잡으며 앞으로 나아가는 자전거의
원리를 차용해 하늘을 날았다. 그렇게 오랜
인류의 꿈을 이뤘다. 김희수 대표가 운영하는
서울의 라이트브라더스는 '바이시클 어바니즘'
을 통해 지속 가능한 서울을 꿈꾼다. 중고
자전거 거래와 라이딩 거리만큼 사용자에게
혜택을 안겨주며 꿈에 그리던
바이시클 어바니즘에 매일 가까워지고 있다.

Hello,
we are **WRIGHT BROTHERS**,
a service design company for
bicycle-friendly ecosystems.

We believe
anyone can help save our planet
just by riding a bike.

So at **WRIGHT BROTHERS**,
we create services
to incorporate bicycles
into people's daily
Come in and get to us!

라이트브라더스 김희수 대표

자전거 타기 딱 좋은 날 오셨네요. 반갑습니다.

자전거 친화적인 공간이네요. 오는 길이나 자전거를 세워놓는 공간도 좋고 쇼룸에 구경할 거리도 많아요.
제가 자전거를 정말 좋아하거든요. 자전거로 출근하는 사람들을 위해 직원 샤워실에 다이슨 드라이까지 비치했어요. 마음 편히 땀 흘리고 와서 씻을 수 있도록요. 회사 동료 중에는 하남에서 자전거로 20km씩 출근하는 사람도 있어요. 땅에서 발이 떨어지는 것조차 무서워하다가 자전거를 즐기게 된 동료도 있고요. 이렇게 다들 자전거를 좋아하니 라이더의 입장을 먼저 생각하게 됐죠.

자전거의 무엇이 그렇게 좋나요?
자전거는 범용적이에요. 지구에는 자전거가 최소 10억 대 있고, 매년 1억 대씩 새로 만들고 있대요. 세계 인구의 절반 이상이 자전거를 탈 줄 알아요. 최빈국부터 최대 부유국까지 자전거는 모두가 타잖아요. 나라마다 도로 교통은 다르지만, 자전거 관련 법률은 어디를 가도 거의 같아요. 도시에서 가장 마음 편히 이동할 수 있는 방법은 자전거라고 생각해요.

라이트브라더스가 서울에서 하는 일이 궁금해요.
라이트브라더스는 자전거 타기 좋은 환경과 문화를 만들기 위한 서비스 디자인 컴퍼니예요. 중고 자전거 인증을 통한 거래 플랫폼으로 시작했죠. X선 검사로 자전거 내부의 결함을 확인해 믿을 만한 중고 거래가 가능하도록 만들었어요. 2021년에는 중고 직거래로 확장했고, 2022년부터는 재생 자전거 프로젝트도 운영하고 있어요. 오늘 막 론칭한 장기 렌털 자전거 서비스도 있어요. 인수와 반납이 자유로운 게 특징이에요.

서울은 라이트브라더스에 어떤 도시인가요?
자전거 타기 좋은 도시요. 자전거도로 같은 인프라가 잘 조성되어 있어요.

의외네요. 여전히 서울은 자동차 친화적이라고 생각했어요.
그 말도 맞아요. 자전거 전용도로가 있지만 그 자리에 버젓이 주차하는 경우도 있고, 자전거 라이더에게 눈치를 주는 운전자도 있죠. 하지만 그건 서울에 자전거를 타는 사람이 적어서 그런 거예요. 이용자가 많아지면 서로 배려해 도로를 나눠 쓰는 법을 배우게 될 거예요.

서울 라이더의 특징은 뭘까요?
한국에는 2200만 대의 자전거가 있고, 1400만 명의 라이더가 있어요. 정확한 집계는 아니지만 한강의 자전거는 절반 이상이 로드 자전거, 즉 사이클이에요. 자전거 동호회에 가면 아예 사이클뿐이고요. 서울의 라이더는 생활 자전거보다 속도를 추구하는 스포츠의 면모가 특히 발달해 있죠.

듣고 보니 그런 것 같네요. "지나갈게요"를 외치며 빠르게 앞서가는 무리와 오르막길을 오르며 훈련하는 라이더를 자주 본 것 같아요.
우리나라 라이더가 특히 업힐(오르막길)이 포함된 코스를 좋아하는 건 자전거를 운동이라고 생각해서예요. 제가 한참 사이클에 몰입해 있을 때, 주변 사람들에게 자전거를 타라고 많이 권했어요. 그런데 잘 안 타더라고요. 헬멧을 쓰는 게 싫고, 딱 달라붙는 자전거 의류가 싫고, 얇은 자전거 바퀴가 위험해 보여서 싫대요. 사람들이 자전거를 안 타는 이유를 알았다면, 그 불편을 없애는 게 저희 일이라고 생각해요. 그래야 자전거 시장이 커질 수 있을 테니까요.

불편을 없앨 방법을 찾았나요?
"자전거는 원래 이렇게 타야 해" 같은 관념이 없어져야 해요. 자전거의 다양성을 인정하는 거죠. 전기 자전거도 되고, 자전거 복장이 아니어도 돼요. 요즘엔 커스텀 등을 통해 여행용 자전거와 생활 자전거 모임이 늘고 있어요. 그에 따라 복장과 문화도 다양하게 확장하고 있고요. 다행이라 생각해요. 자전거는 자유로워야 해요.

오, 그렇군요. 자전거는 자유로워야 하는군요.
그럼요. 인간이 더 자유롭기 위해 발명한 기계니까요. 아이들은 자전거를 타면서 자유인이 돼요. 달리는 것보다 빨리 멀리까지 움직일 수 있고, 어른과 자동차의 도움 없이 동네를 벗어날 수 있죠. 그 즐거움을 계속 느꼈으면 해요. 제가 보기엔 도시 사람은 학원 셔틀버스를 타면서부터 자유시간이 사라지고 자전거와의 경험이 끊기는 것 같아요. 자전거를 타며 자유를 느낀 첫 경험이 계속 이어져야 한다고 생각해요.

서울시의 따릉이가 그 역할의 일부를 하는 것 같아요.
맞아요. 종종 저희의 경쟁자를 따릉이라고 생각하는
경우가 있는데, 아니에요. 오히려 조력자에 가깝죠.
36만 따릉이 회원은 자전거를 타는 즐거움과 편리함을
아는 거고, 자전거 생활에 열려 있으니까요.

**서울시와 바이시클 어바니즘을 위해 협업하고 있는
프로젝트가 있다고 들었어요.**
서울시와 재생 자전거 판매로 업무 협약을 맺었어요.
서울시는 골목이나 거치대에 묶인 채 버려진 자전거를
수거해 각 구에 있는 자활센터로 보내요. 그러면
직업훈련을 받은 취약 계층이 자전거를 수리하고 저희가
판매를 맡죠. 프로젝트를 진행한 지 어느덧 1년 4개월이
되었네요.

그동안 어땠어요?
시작할 땐 회사 내부에서 반대 의견이 있어 고민했어요.
저희 플랫폼에서 판매하는 자전거는 평균 300만 원
정도의 고가 제품이 대부분이었거든요. 재생 자전거는
가격이 저렴하니까 우리 회사와 안 어울린다는 의견과

수익성 있는 일이 아니라는 우려가 있었어요. 그런데도
환경을 생각하는 ESG 프로젝트라 꼭 하고 싶었죠.
동료이자 브랜딩 파트에서 일하는 상재 님이 "살까
말까 고민 말고 살리세요"라는 문구까지 만들어줘서 잘
진행하고 있습니다.

**"자전거 저렴하게 사세요"가 아닌 탄소 배출 저감
개념으로 접근한 게 특히 좋았어요.**
탄소 배출 개념은 저희가 재생 자전거 프로젝트를
진행하며 가장 신경 쓴 부분이었어요. 재생 자전거를
구입한 서울 시민이 가성비 개념으로 접근하기보다
환경적·도덕적 뿌듯함을 느꼈으면 했거든요. 저희가
가진 탄소 계산기를 활용했어요. 자전거의 소재, 무게,
다른 요건들에 따라 생산 및 폐기할 때 배출되는 탄소량을
측정할 수 있는 알고리즘을 만들어두었거든요. 자전거
상세 페이지에 이 자전거를 사면 자동차 몇 대의 탄소
배출량을 상쇄할 수 있고, 다 자란 소나무 몇 그루가 흡입할
수 있는 탄소량인지 기재돼 있어요.

자전거로 저감한 탄소 배출량을 다양한 방법으로

보여주려는 이유가 궁금해지네요.

좋은 일일수록 도덕 숙제처럼 강요하면 안 된다고 생각해서요. 되게 좋은데 남의 일인 것처럼 느끼게 하는 것도 좋지 않아요. 예를 들어, 어떤 브랜드가 돈을 들여 맹그로브 숲을 만든다고 해봐요. '그렇군. 좋은 일 하네' 하고 말겠죠. 그런데 내가 그 브랜드에서 물건을 구입한 덕에 숲에 몇 그루의 나무를 심었다는 걸 보여주면 훨씬 와닿잖아요. 내용을 증서로 만들어주면 더욱 그럴 테고, 그 증서를 나 좋은 일에 사용할 수 있다면 더할 나위 없겠죠.

자전거를 탄 거리만큼 탄소 배출권을 받을 수 있게 하는 프로젝트도 있죠?

'스윗스웻 포인트'요. 줄여서 '스스포'라고 해요. 지구를 위해 흘린 땀만큼 달콤한 할인을 맛볼 수 있다는 의미예요. 라이더들이 가장 많이 활용하는 기록 측정 서비스 '스트라바'와 연계했어요. 주행 데이터를 업로드하면 이동 거리에서 나온 탄소 배출권 소유를 이전받을 수 있어요. 실제로 판매되는 탄소 배출권과 연동해 포인트를 시세에 맞게 지급해요. 포인트를 현금처럼 쓸 수 있는 게 바로 스스포고요.

실제로 사용하고 있나요?

물론이죠. 제 걸 보여드릴게요. 라이트브라더스 앱에 접속해서 '마이페이지'에 가면 있어요. 보통은 마이페이지에 구매 이력이 나오잖아요. 저희는 탄소 리포트가 나와요. "우리가 함께 줄인 탄소량이 이만큼이야" 같은 메시지와 함께 탄소 배출을 줄일 수 있는 팁도 나오고요.

4만8102포인트가 있네요. 이걸 돈으로 환산하면 얼마예요?

4만8102원이요.

얼마나 타야 모을 수 있나요?

자전거를 1시간 정도 타면 400원을 버는 정도로 생각하면 될 것 같아요.

생각보다 쏠쏠하네요.

라이트브라더스 앱이 재테크로도 많이 알려져 있어요. 달린 만큼 벌 수 있는 'R2E(Ride to Earn)' 개념으로 더욱 매력적인 서비스가 되고 있어요. 대신 탄소 배출권 시세에 맞춰 금액이 조금씩 달라져요. 자발적 거래 시장의 탄소 배출권을 거래하거든요. 사용자에게 스윗스윗 포인트를 지급하는 것은 우리가 함께 지속 가능한 도시를 만드는 파트너로 활동하자는 제안이에요.

개인도 탄소 배출권을 살 수 있는지 몰랐어요.
여태까지 배출한 탄소를 상쇄하고 싶다고 생각한 개인들이 크레딧을 구매해요. 기부나 선물을 해도 되고요.

탄소 배출권으로 뭘 할 수 있나요?
헌혈 증서와 비슷한 개념이에요. 헌혈로 돈을 벌 수는 없지만 스스로 자부심이 생기잖아요. 탄소 배출권 구매 역시 지구 환경에 기여하고 그 뿌듯함을 가져갈 수 있는 일이죠. 이번에 제 조카 둘이 각각 초등학교와 중학교에 입학했는데, 선물로 탄소 배출권을 줬어요. 개념도 설명해주고요. 아직 우리나라에서는 어려운 개념이지만 유럽 등 일부 나라에서는 이미 익숙한 문화예요. 결혼식 답례품으로 탄소 배출권을 선물하기도 해요.

라이트브라더스 이름으로 해보고 싶은 일이 또 있나요?
지금처럼 계속해서 안 될 것 같은 일을 되게 만들고 싶어요. 좋은 브랜드로 남고 싶고요.

좋은 브랜드란 뭐라고 생각해요?
좋은 미디어와 같다고 생각해요. 좋은 미디어의 이야기에는 사람들이 귀를 기울이잖아요. 좋은 브랜드가 하는 일에도 사람들이 관심을 가지고요. 쿨한 외형이든 따뜻한 마음이든 매력을 갖추는 게 중요해요. 스토리텔링을 잘 해놓은 다음엔 '스토리 두잉'으로 이야기를 실체화해야겠죠. 러닝의 변화를 보면서 느껴요. 이봉주 선수가 마라톤에서 금메달을 따던 시대와 지금의 달리기는 느낌이 많이 달라졌어요. 마라톤이 하나의 페스티벌이자 라이프스타일이 되었죠.

서울의 바이시클 어바니즘을 위해 저희 같은 일반 시민은 뭐부터 실천해보면 좋을까요?
편안하고 익숙한 것보다 좀 덜 편한 방법을 선택하는 거요. 저도 짐이 많거나 날이 궂을 때 차를 타고 출근해요. 그게 쉬운 걸 알지만 좋은 일이 아니라는 것도 알아야 해요. 처음엔 낯설겠지만 대중교통이나 자전거로 이동해볼 것을 권합니다.

그럼 서울시가 해야 할 일은 뭐라고 생각해요?
아, 서울시가 해줄 일이 있어요. 자전거 거치대가 더 필요해요. 자전거를 타고 출퇴근하는 사람이 많아지려면 자전거를 안전하게 세워둘 곳이 필요하겠죠. 자전거 출입을 막는 건물도 줄여야 하고요. 자전거 세차할 곳도 있으면 좋겠어요. 서울엔 자전거 세차장이 없어요. 임대료가 비싸서 돈 안 되는 일은 안 하는 거죠. 시에서 그런 시설을 적극적으로 만들어주면 도움이 되겠죠?

거치대하고 세차장이면 되나요? 소박한데요.(웃음)
더 얘기해도 되나요?(웃음) 어린이 자전거 교실이요. 자전거 타는 법과 도로 법규를 필수 과목처럼 알려줬으면 좋겠어요. 어른은 길에서 자전거 타는 어린이를 보면 배려해가며 운전하는 법을 배우게 될 거예요. 자전거 타는 어린이가 많아져야 어른의 마음을 움직일 수 있어요.

서울은 자전거 친화적인 도시가 되어 기후 위기를 극복할 수 있을까요?
네. 전 그렇게 믿어요. 지난달에 서울시 스타트업 여성 대표 모임에 갔다가 놀랐어요. 서울시 정책을 주제로 의견을 내고 토론하는 자리였는데, 기후 위기에 관심이 많더라고요. 깊이도 있고요.
기후 위기를 향한 관심은 내연기관을 대체할 교통수단으로 이어질 테고, 서울 역시 더욱 자전거 친화적인 정책을 갖추게 되겠죠? 라이더는 더 나은 환경에서 자전거를 더 많이 탈 수 있을 테고요. 다양한 문화에 기반한 라이더가 여기저기서 자전거를 타며 서울의 지속 가능성을 높였으면 해요. 그렇게 조금씩 기후 위기 극복의 길로 나아갈 거라 믿습니다.

서울의
라이딩 코스

라이트브라더스는 스펙을 소개하며 자전거를 팔지 않는다.
어디에 가서 뭘 하고 놀아야 즐거운지를 먼저 알려준다.
라이트브라더스의 지향점은 서울에 생활 자전거인이 많아져
다양한 라이딩 코스가 생기는 것.

○ **남산과 북악 사이**
○ 이동 거리: 22km
○ 소요 시간: 1시간 30분
○ 라이딩으로 줄일 수 있는 탄소량: 5.2kg
○ 세빛섬 → 한남나들목 → 남산 → 충무로역 →
이화벽화마을 → 성균관대 → 북악 팔각정
○ 서울의 라이더라면 한 번은 방문하는 오르막 성지.
이화동의 짧지만 경사 높은 오르막과 성균관대 후문,
와룡공원, 북악산 업힐을 마주하면 허벅지가 팽팽해지며
운동하는 느낌이 제대로 든다. 도심에서 2개의 산을 넘는
경험은 서울에서만 할 수 있다.

○ **고궁 투어**
○ 이동 거리: 5km
○ 소요 시간: 20분
○ 라이딩으로 줄일 수 있는 탄소량: 1.1kg
○ 덕수궁 → 정동길 → 경희궁 → 경복궁 → 청와대
→ 북촌 → 창경궁
○ 경복궁, 창덕궁, 창경궁, 덕수궁, 경희궁에 이르는 서울의
5개 궁을 자전거를 타고 돌아본다. 궁궐 안은 자전거를
가지고 들어갈 수 없으므로 따릉이를 탄다면 대여와
반납을 적당히 반복하며 투어를 즐겨보자. 서울 여행을 온
사람이라면 경복궁 앞뒤로 서촌 한옥마을 투어를 끼워도
좋다.

○ **한강 섬섬 나들이**
○ 이동 거리: 12km
○ 소요 시간: 40분
○ 라이딩으로 줄일 수 있는 탄소량: 2.8kg
○ 세빛섬 → 잠수교 → 한강 자전거도로 북단 → 한강대교 → 노들섬 → 한강대교 램프 → 세빛섬
○ 세빛섬에서 출발해 한강 자전거도로를 따라 달린다. 노들섬에 들렀다가 다시 세빛섬까지 오면
한강을 한 바퀴 돌 수 있다. 지도를 찾아볼 필요 없이 한강 자전거도로 표지판만 이용해 달릴 수
있어 매력적이다. 노들섬과 세빛섬에서 카페와 식당을 이용하기도 편리하다.

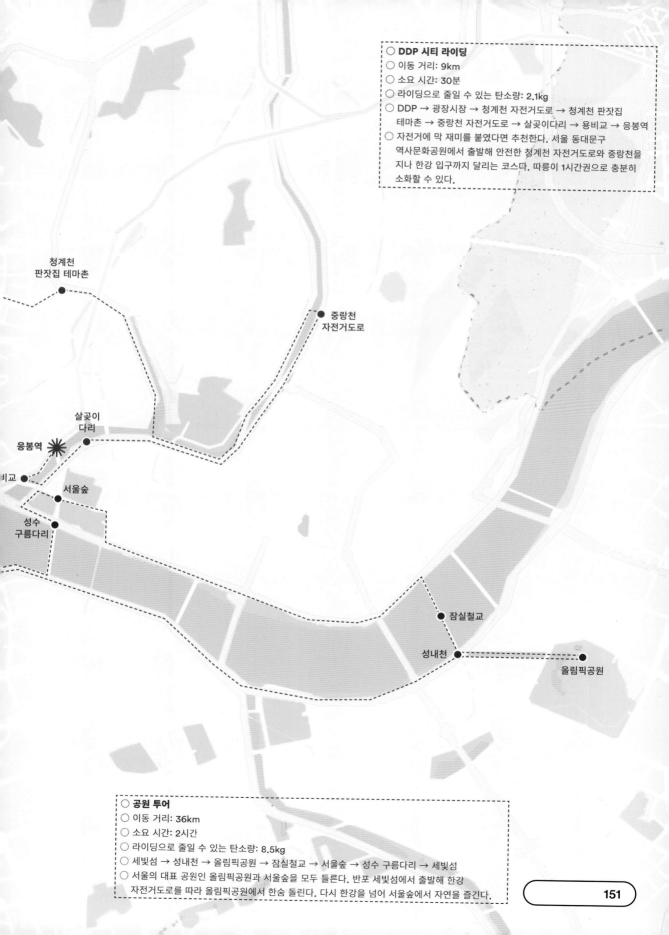

○ **DDP 시티 라이딩**
○ 이동 거리: 9km
○ 소요 시간: 30분
○ 라이딩으로 줄일 수 있는 탄소량: 2.1kg
○ DDP → 광장시장 → 청계천 자전거도로 → 청계천 판잣집
   테마촌 → 중랑천 자전거도로 → 살곶이다리 → 용비교 → 응봉역
○ 자전거에 막 재미를 붙였다면 추천한다. 서울 동대문구
   역사문화공원에서 출발해 안전한 청계천 자전거도로와 중랑천을
   지나 한강 입구까지 달리는 코스다. 따릉이 1시간권으로 충분히
   소화할 수 있다.

청계천
판잣집 테마촌

중랑천
자전거도로

살곶이
다리

응봉역

비교

서울숲

성수
구름다리

잠실철교

성내천

올림픽공원

○ **공원 투어**
○ 이동 거리: 36km
○ 소요 시간: 2시간
○ 라이딩으로 줄일 수 있는 탄소량: 8.5kg
○ 세빛섬 → 성내천 → 올림픽공원 → 잠실철교 → 서울숲 → 성수 구름다리 → 세빛섬
○ 서울의 대표 공원인 올림픽공원과 서울숲을 모두 들른다. 반포 세빛섬에서 출발해 한강
   자전거도로를 따라 올림픽공원에서 한숨 돌린다. 다시 한강을 넘어 서울숲에서 자연을 즐긴다.

151

66

햇빛 모아 원전 줄이기, 안 될 거 있나요?

99

PEOPLE

EDITOR. Sumi Kim / PHOTOGRAPHER. Hoon Shin

서울의 전력 자급률은 고작 11.3%다. 비수도권 지역민들의 반대를 외면하고 지은 각지의 화력·원자력 발전소에서 에너지를 끌어 쓰는 것만이 서울에 에너지를 공급할 유일한 방법일까? 그렇지 않다. 서울의 에너지 자급은 시민의 힘으로 해결할 수 있다. 각자가 쓰는 만큼 직접 만든다면!

우리동네햇빛발전협동조합
김미현 사무국장

늘 친숙한 햇빛인데 태양광 패널에 닿는 걸 보니 뭔가 다르게 느껴져요. 우리동네햇빛발전협동조합은 어떻게 시작됐나요?

2011년 후쿠시마 원자력발전소 폭발이 결정적인 계기였어요. 가장 근접한 나라 일본에서 그런 사고가 일어났다는 것에 많은 사람이 충격을 받았고, 환경 단체를 넘어 일반 시민들 사이에서도 에너지 전환의 필요성을 크게 느끼게 된 거지요. 후쿠시마 원전 사고 1주기 때 서울환경 연합에서 시행한 '미래 에너지원 선호도' 여론조사에서 무려 **96.4%**의 서울 시민이 태양광으로 전환해야 한다고 답할 정도였어요. 그런 배경 속에서 당시 서울시가 '원전 하나 줄이기'를 슬로건으로 채택했고, 실제 태양광 으로 에너지를 만들고 수익도 내는 모델을 구축하기 위해 비영리단체가 아닌 협동조합이라는 틀을 구상하게 됐습니다.

우리동네햇빛발전협동조합의 조합원은 대부분 서울 시민인가요?

저희 조합원이 600명 정도 되는데, 비율로 보면 한 60% 정도가 서울 시민이고, 40% 정도가 전국 각지에 사시는 분들이에요.

본인이 사는 지역도 아닌데 서울에 태양광 시설을 만들기 위해 출자한 분들이 꽤 많네요?

네, 지난 4월에 삼척 지역 주민 한 분이 전화를 주셨어요. 삼척석탄화력발전소 신규 건설을 계속 반대해오신 분이었는데, 저희한테 1kW 공사비가 얼마냐고 물으시더라고요. 그래서 "150만 원 정도 됩니다" 했더니 본인이 출자하시겠대요. 그게 무슨 의미냐 하면 서울이 전기는 너무 많이 쓰는데, 재생에너지 생산은 전국에서 꼴찌잖아요. 그러니까 이런 식으로 대도시에 전기를 보내려고 삼척 같은 지역이 희생당한다는 거예요. 그래서 서울에 제발 태양광 좀 많이 늘리라고, 당신이 출자하겠다고 전화를 주신 거였어요. 서울 외 지역에 계신 분들의 경우, 이런 취지에 공감해서 조합원으로 가입하는 분들이 많아요.

평균적으로 발전소 하나를 짓는 데 비용이 얼마나 드나요? 조합원분들의 출자금은 어느 정도인지도 궁금해요.

기술이 빠르게 발전하고 원자재를 생산하는 곳들 사이에 경쟁이 붙으면서 원가는 계속 떨어지고 있어요. 2014년 한신대에 50kW 발전소를 짓는 데 1억2500만 원이 들었어요. 그런데 현재 한신대에 짓고 있는 또 다른 114.46kW 발전소의 공사비가 1억 8000만 원이거든요. 원가가 싸졌다는 게 딱 느껴지죠? 코로나19를 기점으로 무역이 자유롭지 않고 해서 조금 역전이 되긴 했지만, 공사비는 저렴해지는 쪽으로 흘러가고 있어요. 저희의 경우는 5만 원을 출자하시는 분이 가장 많아요. 환경적 관심을 갖고 출자를 시작해서 발전소를 지을 때마다 조금씩 증자하시는 분들도 많은 편이고요. 조합원 600명 중 200명 정도가 5만 원 출자자이고, 5만 원에서 10만 원 선이 가장 많아요.

조합원이 되어서 얻는 혜택은 무엇인가요?

소규모 태양광으로 에너지를 생산하고, 그 전력의 판매 대금을 조합원에게 배당금으로 돌려주는 게 저희 같은 에너지 협동조합의 큰 취지 중 하나예요. 서울 외 지역은 매년 최저 2.5%에서 5% 정도까지 배당합니다. 저희는 운동에 포커스를 맞춰 활동하다 보니 발전소를 많이 늘리지 못한 측면이 있어서 배당을 매년 해드리지는 못했어요. 2018년에는 약속을 지키기 위해 4% 정도 특별 배당을 했지만요. 근데 사실 출자금 5만 원이면 배당금이 4%여도 2000원이잖아요. 실질적으로 수익을 내려 하기보다는 서울의 에너지 자립에 동참하고, 태양광을 통해 에너지를 생산해서 돈을 벌었다는 걸 아이들에게 보여주는 교육적 차원에서 함께하시는 분들도 많은 것 같아요.

서울에 태양광 시설을 짓는 과정에서 반대를 겪는 일도 많죠?

그 대표적인 사례가 수서역이죠. 2018년 수서역 주차장에 서울시 공모 사업을 통해 8개 발전협동조합이 99kW 시설을 하나씩 짓기로 했어요. 서울시와 협약을 맺고 전기사업허가 등도 다 받았죠. 그런데 딱 하나,

주민들이 반대한다는 이유로 지자체장인 강남구청장의 개발행위허가를 못 받은 거예요. 예전엔 빛 반사, 전자파 등 태양광 설치를 방해하는 가짜 뉴스가 많았잖아요. 그런 것들을 근거로 들면서 끝까지 안 해주는 바람에 행정소송까지 갔다가 결국 무산됐어요. 그런데 사실 아파트는 부지에서 멀리 떨어져 있었고, 실제 그 인근에 사는 사람들은 크게 관심이 없었어요. 그리고 막상 전철역 주변 주차장에 태양광 패널로 지붕을 해놓으면 모든 차들이 거기에 서로 주차를 하려고 할 정도거든요. 지붕이 있는지 없는지에 따라 온도 차이가 크니까.

고등학교 등 공공기관 옥상에 설치한 태양광발전 시설에서 생산한 전력이 막상 사용되지 않고 버려진다는 보도가 있었어요. 이런 일은 왜 발생한 건가요?
그 기사에 해당하는 학교나 공공기관은 자가발전용으로 설치한 경우인데, 설치한 태양광의 발전량이 평소 건물에서 사용하는 에너지 총량에 못 미치다 보니 상계 거래 신청을 안 한 것 같아요. 상계 거래란 남는 태양광 전력 등을 한전에 판매하는 걸 뜻하는데요, 주말이나 휴일에 에너지 사용량이 급감하고 학교 같은 경우는 방학 기간도 있어서

결국 잉여 전력을 소비하지 못한 거죠. 하지만 신에너지 및 재생에너지 개발·이용·보급 촉진법에 의한 '공공기관 설치 의무화 제도'는 2년마다 의무화 비율을 올리고 있고, 올해는 32%입니다. 그 때문에 앞으로도 이런 사례가 늘어날 텐데요, 제도를 만들고 정책을 세워 실현할 때는 관리까지 필수적으로 고려해야 해요. 그래서 발전소를 설치하면 '상계 거래 제도'를 신청하는 것까지 의무화해야 한다고 생각합니다. 이 사례들이 관리와 제도가 미흡해서 벌어진 것은 사실이지만, 그렇다고 해서 전체 산업이나 태양광 자체를 세금 낭비로 치부해서 무용화시키려 해서는 안 되죠. 이건 기후 위기 시대에 맞지 않을뿐더러 매우 후진적인 행태라고 생각해요.

남은 전력을 다른 곳에서 쓰도록 연계하는 게 많이 까다롭거나 복잡한가요?
우리나라는 현행법상 송전과 배전을 한국전력에서만 하게끔 돼 있어요. 그래서 원자력발전소나 석탄발전소가 전기를 만들면 한전에서 그 전기를 모은 다음 각 가정으로 또는 산업체로 배전을 하죠. 이를 계통 연계라고 하는데, 이걸 한전에서 독점하니까 태양광발전소를 짓고 나서 그

시스템을 갖추는 데 상당한 비용이 들어요. 보통 가정에서 설치하는 용량은 3kW 정도라 인근 전봇대의 용량 확장을 신청하면 되고, 서울 같은 대도시는 곳곳에 전봇대가 있어서 괜찮은데, 용량을 초과하는 경우라든지 전봇대를 활용하기 어려운 환경도 있죠. 특히 지역에서 폐염전이나 갯벌을 매립한 땅들은 원자력발전소 2~ 3기만큼의 재생에너지를 만들 수 있는 규모인데, 계통 연계 공사 지연이 그걸 가로막고 있어요.

태양광발전이 사업자만 특혜를 본다는 시선도 있고, 사업자에 대한 불신도 많은 것 같아요. 왜 이런 인식이 생겼을까요?

모든 사업자는 이익을 내는 것이 목적이고, 협동조합 외에도 태양광 사업을 하는 기업에 이런 권리를 인정해주는 것은 어찌 보면 마땅합니다. 물론 계속해서 신뢰를 쌓아갈 필요성에 대해서는 저희도 공감하고 있습니다. 초창기에 태양광 관련 정책이 막 생기고 정부에서 저리로 융자를 내주고 하면서 태양광 시공업체들이 엄청나게 생겨났죠. 그런데 A/S 대응을 충분히 못 한다거나, 소규모 업체이다 보니 금세 없어진 회사가 꽤 있었거든요. 점점 출자자가

늘어나고 협동조합이 기여하는 태양광이 엄청나게 늘어나는 상황에서 업체에 대한 신뢰가 더욱 중요해졌어요. 그래서 현재 가장 큰 에너지 협동조합이 시공사를 만들었어요. 최소한의 비용으로 공사비를 책정하는 등 협동조합에 혜택을 주면서 서로 연대하고 있죠. 이 협동조합은 없어질 일이 없기 때문에 직접 시공한 설비에 대해 책임을 지고 발 빠르게 대처할 수 있습니다. 기존의 일부 사업체처럼 하청의 하청의 하청 같은 구조적 문제도 없기 때문에 안심하고 공사를 맡길 수 있고요. 태양광발전소에서 법적으로 갖춰야 하는 전기안전관리자도 일반 업체에 맡기기보다 향후에는 시공사처럼 협동조합내에 갖추고자 하는 계획도 있어요. 그러려면 자본금이 최소 2억원 정도 필요하고, 전기기사 자격증을 갖춘 전문인력도 5명 이상은 되어야 하는 등 자격요건이 까다로운 편이죠. 그래서 서로 여유가 있으면 빨리 공부하라고 압박을 주는 상황입니다.(웃음) 플러스, 마이너스, 전구밖에 모르는 사람들이 어려운 책을 읽고 떨어지고 또 떨어지고 하면서 도전하고 있는데, 어쨌든 저희는 그 정도로 굉장히 막중한 책임 의식을 갖고 있습니다. 우리가 만든 건 우리가 끝까지 책임진다는.

유독 태양광에 대해 부정적 인식을 키우는 기사를 자꾸 접하게 되는 건 왜일까요?

결국 정치적인 문제라고 생각해요. 태양광 관련 가짜 뉴스가 10년 전부터 엄청나게 나왔는데, 시민들이 영향을 많이 받았어요. 하지만 우리 생활 곳곳에서 혜택을 조금씩 보기도 하고, 과학적으로 사실이 아니라는 게 밝혀지면서 오해가 해소되고, 안 좋던 인식도 조금씩 없어지는 추세죠. 그래도 또 새로운 가짜 뉴스가 생기고, 계속 보도되고 하니까 자기 집에 태양광을 설치하고 싶어도 인근 주민의 근거 없는 반대와 민원에 시달리는 이런 상황이 여전히 있죠. 우리가 같이 살아갈 미래를 위해서 힘을 합쳐야 하는 문젠데, 정치 싸움 때문에 시민들이 피해를 보는 것이나 다름없죠. 현재 우리나라는 원자력과 화석연료가 주 에너지원인데, 이곳이 거대 자본으로 이뤄져 있기 때문에 권력이 집중되어 있어요. 이러한 부분을 전환하려 하니 반발이 있을 수밖에 없다고 생각합니다. 정치적 계산에 의한 여러 가지 가짜 뉴스가 난무하는 이유죠.

그렇다면 왜 꼭 태양광이어야 하나요?

태양광은 대한민국처럼 햇빛의 양과 질이 우수하고 국토가 좁은 곳에 매우 적절한 에너지원입니다. 특히 대도시에서는 선택의 여지가 별로 없어요. 산악 지역이나 광활한 평야, 해안가라면 당연히 풍력이 적합하겠지만, 서울 같은 도시는 워낙 조건이 다르잖아요. 건물 지붕을 활용할 수 있다는 설비의 특성도 적합하고요.

설치 이후 태양광에 대한 인식이 달라졌다거나 긍정적인 반응을 보인 사례도 있나요?

8년 동안 서울시의 지원을 받아 미니 태양광을 아파트 30만 가구의 베란다에 달았어요. 베란다 크기에 따라 베란다형 태양광 400W 이하 패널을 1~2장 설치했는데, 가정용 태양광 1장을 달면 보통 양문형 냉장고 하나 정도는 충분히 커버 가능하고, 2장이면 에어컨 전력 소비량의 반 정도는 충당이 돼요. 전기세가 줄어드는 걸 보고 되게 신기해하는 분이 많았죠. 저희 조합원 중 한 분이 주택에 태양광을 설치하셨거든요? 주택용 태양광은 3kW 까지 설치가 가능해요. 딱 설치하고 난 후 봄하고 가을에 전기세가 0원이 나와서 막 소리를 질렀대요.(웃음) 그 감격은 이루 말할 수 없다고 얘기하시더라고요. 아무래도 본인이 실제 생활에서 체감했을 때 가장 긍정적으로 느끼는 것 같아요.

단순하게 생각하면, 에너지 전환을 많이 하기 위해서는 태양광 시설도 더 크게, 여러 곳에 지어야 할 것 같아요. 시민들이 협동조합 방식으로 짓는 소규모 단위의 태양광

시설은 왜 중요한가요?

소규모는 서울시에 특화해서 더더욱 필요해요. 비수도권 지역의 넓은 가용 부지에는 많은 자본을 가진 대기업이 나서지만, 그들은 수익이 별로 나지 않는 소규모에는 관심이 없죠. 하지만 서울의 경우, 소규모 가용 부지라도 전기가 조금이라도 나올 수 있는 곳은 전부 태양광을 일상화해야만 에너지 전환을 이룰 수 있습니다. 우리가 일상생활에서 쓰는 전기만큼이라도 우리 공간에서 만들 수 있어야 합니다. 직접 만들어서 쓰다 보면 에너지를 절약하게 되는 효과도 있고요. 무엇보다 서울을 위해 지역을 희생하지 않아도 되죠.

시민 참여형 에너지 협동조합을 지원해야 하는 이유는 무엇인가요?

앞서 말씀드렸듯 수익이 많이 나지 않거든요. 거대 자본과 기업이 경쟁하는 사회에서, 시민 참여형 소규모 협동조합은 동등한 경쟁력을 가질 수 없어요. 하지만 공공의 가치를 실현하는 것이기 때문에 이를 지원하는 시스템과 정책이 필요한 거죠. 또한 기후 위기에 대응하는 정책은 국가가 세우지만 이를 실현하는 것은 국민적 참여와 노력이므로 자본 경쟁에서 뒤떨어지는 협동조합을 지원하는 제도는 꼭 필요합니다.

어려운 상황이지만 그래도 꿋꿋하게 행보를 이어가고 있는데요, 앞으로의 계획과 목표가 궁금합니다.

우선, 현재 건설 중인 한신대 햇빛발전소와 관련해 이전처럼 서울시에서 기후 융자 기금을 받을 수 있는 형태가 아니다 보니, 출자금에 마음이 급한 부분이 있어요. (웃음) 우리동네햇빛발전협동조합의 2012년 창립 때 비전이 '5년 동안 500kW를 만든다'였는데 너무 어려운 과제였고, 달성을 못 했죠. 11년째로 접어든 지금 이제 300kW를 달성했거든요. 하지만 우리나라가 2030년까지 2018년 대비 탄소 배출량의 40%를 감축하겠다고 발표했고, 전 세계적으로 평균기온 상승을 1.5°C 이내로 묶는 것이 과제이기 때문에 그 흐름에 맞춰서 저희도 2030년까지 어떻게든 700kW 생산을 달성해야 한다는 목표를 갖고 있습니다. 그래야만 탄소중립 성공에 기여하고, 배당도 이뤄질 수 있으며, 무엇보다도 우리동네 조합원의 절반이 RE100을 달성할 수 있을 겁니다.
또 하나 덧붙이자면 전국적으로 시민 참여 에너지 협동조합이 100여 개라고 말씀드렸는데, 저희 협동조합 네트워크의 목표가 2030년까지 1000개의 협동조합을 만들고, 1GW의 태양광발전소를 달성하는 겁니다. 이런 협동조합이 많이 늘어나면 원자력발전소 몇 기 정도는 대체할 수 있다고 생각해요. 대규모로 누군가가 대신 만들어주는 게 아니라, 시민이 직접 생산하는 것이야말로 진정한 지역분산형 에너지 전환일 테고요. 쉽지 않은 길이지만 한번 해보겠습니다.

서울시가 앞으로 중점 보급하려는 건물일체형태양광(BIPV)의 실제 시공 모습. 도봉구 청사 외벽 전면에 컬러형 태양광 모듈 891장을 부착했다.

Q1. 공공 부지 태양광발전 사업에 공모 자격을 주거나, 저이율 융자 및 기후 기금 지원 등 시민 참여형 에너지 협동조합에 제공하던 기존 서울시 지원이 중단된 이유는 무엇인가요? ☀ → 2012년부터 진행해온 '원전 하나 줄이기' 사업이 2020년 종료됨에 따라 태양광 사업 관련 협동조합에 대한 지원도 마무리된 것입니다.

Q2. '2050 서울시 기후 행동 계획'에는 서울시가 2050년까지 태양광 5GW 보급을 목표로 한다는 내용이 있는데요, 이를 위해서는 다각도로 가능성을 모색하는 게 보다 효율적인 것 아닌지요? 이러한 지원 중단이 태양광 보급을 확대하겠다는 목표와 계획에 위배되는 것은 아닌가요? ☀ → 2018~2019년도에 태양광 사업의 확대 보급 과정에서 협동조합으로 참여한 업체 수가 많았는데요, 보급만 하고 중간에 폐업하는 등 사후 관리가 정상적으로 이루어지지 않거나 사업이 이어지지 않는 경우가 있었습니다. 서울시에서는 방향을 전환해서 태양광 사업을 지속할 계획입니다. 특히 기존 태양광 패널이 경관을 침해한다는 의견을 반영해 BIPV(건물 일체형 태양광 모듈), 즉 외벽 마감재 역할을 하면서 동시에 태양광 패널 역할을 하는 시스템 위주로 보급 사업을 추진할 계획입니다.

Q3. 평가 등을 통해 그동안 잘해오고 있던 협동조합을 선별해 지원을 재개할 계획은 없나요? ☀ → 태양광 보급 확대 당시 협동조합을 통해 중점적으로 했던 게 베란다형 태양광 사업이었는데요, 2017년도에 '2022년 태양의 도시, 서울' 종합 계획을 발표할 당시 미니 태양광 사업에 대해서는 보조금 지원을 연차적으로 줄이고, 2022년까지 사업을 추진하는 걸로 되어 있었기 때문에 미니 태양광 관련 사업을 당초 계획대로 종료한 것입니다. 주차장이나 공공시설 유휴 부지 등에 설치하는 태양광 시설은 자가 소비형에 한해 산업부·환경부가 보조금을 지원하고 있고, 학교의 경우는 서울시교육청에서 하는 사업으로 분류되어 있습니다.

Q4. 온실가스 감축을 위한 에너지 전환에 대해 앞으로의 서울시 계획은 무언인가요? 태양광 관련 목표와 그 밖의 정책에는 변화가 없는지요? ☀ → 서울시는 기후 위기에 대응하기 위해 신재생에너지 확충을 지속적으로 추진하고 있습니다. 연료전지, 지열, 수열, 소수력 등 도시 여건에 맞는 다양한 신재생에너지를 균형 있게 보급하려 하며, 태양광 에너지에 대해서도 BIPV 등 신기술·고효율 태양광 보급을 확대할 계획입니다. 대형 신축 건물의 경우 건축 면적 대비 태양광 설치 의무량을 계속 유지할 것입니다.

태양광 루머의 루머의 루머, 뭐가 진짜야?

Q1. 태양광을 누설이 부식이 심하다?

태양광발전으로 전기를 많이 생산하려면 햇빛을 최대한 많이 흡수해야 효율이 좋습니다. 그래서 흡수율을 높이기 위해 빛 반사를 최대한 줄이는 기술이 적용됩니다. 한국화학융합시험연구원의 실험 결과에 따르면, 태양광 모듈의 빛 반사율은 5.1%로 붉은 벽돌(10~20%)이나 유리·플라스틱 (8~10%)보다도 낮은 수준입니다.

Q2. 태양광에서 인체에 유해한 수준의 전자파가 발생한다?

태양광 모듈 부분에서는 직류 전기가 흐르기 때문에 전자파가 발생하지 않습니다. 시설 중 그나마 전자파가 발생하는 곳이 인버터(발전 전력을 변환시켜 실생활에서 사용할 수 있는 전기 형태로 바꿔주는 설비)인데, 그 양이 일상에서 많이 사용하는 드라이기, 전자레인지, 인덕션 같은 것보다 작은 것으로 발표됐습니다. 세계보건기구 권고 기준보다 훨씬 낮은 수준입니다.

Q3. 태양광 때문에 평평한 산이나 임야, 갯벌 등이 훼손되어 오히려 환경을 훼손한다?

2015년 산지 태양광 관련 규제를 완화하면서 산지 태양광 허가 면적이 급격히 증가한 사례가 있습니다. 2018년에 자연보호 등을 이유로 제도를 보완했고, 발전소 운영 (20년) 후 산림 복구 의무를 부여하면서 정상화됐습니다. 무엇보다도 이런 문제는 넓은 유휴 부지에 몰아서 대규모로만 지으려 하기 때문에 발생합니다. 에너지 발전 협동조합이 더 많아져 대도심 곳곳에서 태양광 에너지를 만들 수 있다면 자연과 공생하는 친환경 에너지로 더욱 거듭날 수 있겠죠.

Q4. 태양광 폐패널이 더 큰 환경문제를 일으킨다?

여타 폐기물과 마찬가지로 폐패널도 제대로 처리하지 않으면 오염을 유발할 수 있습니다. 그러나 태양광 폐모듈은 고순도 유리 분리, 유가금속 회수, 태양광 패널 재제조 등 적절한 공정만 거치면 최대 80% 재활용이 가능합니다. 2021년 한국에너지기술연구원에서 에너지 소모량을 기존 공정 대비 3분의 1 수준으로 줄이고, 회수한 소재로 고효율을 내는 태양전지와 모듈을 만드는 데 성공했습니다. 폐패널을 다시 자원화하는 것이죠.

NO NO NO

YES YES YES

BIIT BIIT

RIIT

Q8.
서울 같은 대도시에서 필요한 에너지를 충당하려면 태양광으로는 절대 안 된다?

그렇지 않을 것이라고 생각합니다. 지난 환경운동연합 조사에서 서울시·인천시·경기도 대형 주차장에만 태양광을 설치해도 국내 전기차 전기 소비량이 1.4배에 달하는 전력을 공급할 수 있다는 평가가 보고가 있었습니다. 2020년 기준 국내 전기차 총 전력수요가 300GWh인데, 이는 약 11만 가구에서 사용하는 전력 수준입니다. 태양광을 설치할 수 있는 입지는 훨씬 더 다양합니다. 기술 발전으로 인해 효율도 높아지는 만큼 가능성은 충분하다고 생각합니다. 태양광이 영구적인 청정에너지라고 인식한다면 그 가능성 적극적으로 찾아갈 테고, 결국에는 실현시킬 수 있을 거라고 생각합니다.

Q7.
도시에 태양광 시설이 많아지면 미관을 해친다?

경관 훼손 기준은 사실 매우 주관적입니다. 현대사회를 지탱하는 전기를 생산하는 시설이고, 그들을 만드는 등이 이점이 있음을 생각하면 흉물스럽게 보이지는 않을 것 같습니다. 물론 같은 태양광 모듈 기술의 주안점을 효율성에 두다 보니 미적인 관점에서 다소 뒤떨어지기도 하지만, 10여 년 전부터는 디자인을 다양화하는 기술적 변화도 이미 일어나고 있습니다. 특히 건물 일체형 패널인 BIPV의 경우 다양한 건물에 적용되고 있고요. 이런 건물이 디자인상, 건축성을 수상하는 사례도 늘어나고 있습니다.

Q6.
태양광발전이 보편화하면 전기 요금이 비싸진다?

2020년 기준 전 세계 인구 3분의 2가 살고 있는 지역에서 이미 태양광과 풍력은 가장 저렴한 에너지원이 됐습니다. 2021년 일본 정부도 2030년에는 전원별 단가 기준상 가장 저렴한 것은 원자력이 아닌 태양광일 거라고 했습니다. 원자력발전소에 사고가 발생했을 경우 손해배상 비용이나 안전대책, 폐로 등의 비용 부담을 반영한 결과입니다. 우리나라의 경우 태양광발전 단가가 아직 높은 이유는 인근 주민들의 반대에 따른 민원 비용 증가와 입지 제약이 큰 비중을 차지하고 있습니다. 인허가 절차 간소화 등 규제 개선이 필요한 이유입니다.

Q5.
태양광 패널은 중금속 덩어리다?

우리나라에서 양산하는 패널은 대부분 실리콘을 사용합니다. 실리콘은 규소로, 모래와 성분이 거의 같습니다. 한국환경정책평가연구원이 2018년 국내 태양광 폐패널 유해물질 분석을 시행했는데요, 대상 중금속 일곱 가지(Cu, Pb, Cd, As, Hg, Cr, Cr6+) 모두 지정 폐기물 기준 미만으로 검출되었습니다. 모듈 제조 시 부품 결합을 위해 극소량의 납을 사용하지만, 태양광 모듈에 함유된 납은 0.064~0.541mg/l 도, 폐기물관리법 시행 규칙이 정한 납 지정 폐기물 함유량 기준인 3mg/10l에 비해 훨씬 낮은 수치입니다.

'좋아요'와 댓글에서 시작하는 탄소 중립

PEOPLE

EDITOR. Seohyung Jo / PHOTOGRAPHER. Hae Ran

월요일 밤, 서울시 중구 회현동 한국일보 사옥에서 2023 대한민국언론대상을 받은 기자들을 만났다. 해외 주요 도시 탐방을 마치고 돌아온 이들에게 서울이 진짜 빌런인지 물었다.

한국일보 기자 신혜정, 김현종, 이수연

한국일보 '탄소 빌런, 서울' 시리즈의 기자 세 분을 모셨습니다. 자기소개 부탁드려요.

(신혜정, 이하 **혜정**) 2015년 한국일보에 입사해 2020년 12월부터 환경·기후 관련 기사를 쓰고 있는 신혜정이라고 합니다.

(김현종, 이하 **현종**) 저는 2018년에 입사했고, 사회부를 거쳐 선배와 같은 시기에 기후대응팀에 합류했습니다. 지금은 국제부로 옮겨서 일하고 있어요. 김현종입니다.

(이수연, 이하 **수연**) 기후대응팀과 많은 협업을 하고 있는 영상 기자 이수연입니다. 시리즈를 함께 만든 김광영 영상 기자는 코로나에 걸려서 오늘 자리에 함께하지 못했어요.

퇴근 시간인데, 일은 끝난 건가요?

혜정 → 방금 마감을 끝냈어요. 오늘부터 '탄소 포집, 희망일까 환상일까'라는 제목으로 연재를 시작했어요. 호주, 아이슬란드, 캐나다 취재 결과를 바탕으로 탄소 포집 기술의 팩트 체크를 해볼 예정입니다.

어려운 주제를 다루느라 고생이 많겠어요. 고민도 많을 것 같고요.

수연 → 탄소는 눈에 보이지도, 바로 느껴지지도 않잖아요. 글이든 영상이든 표현이 어려워요. 내일 북극곰에게 있을 얘기가 아니라, 오늘 나한테 닥친 얘기임을 느끼게끔 하는 게 늘 팀의 목표죠.

'탄소 빌런, 서울' 시리즈는 어떻게 시작했어요?

현종 → 기후대응팀에 와서 처음에는 '김 기자의 탈탄소기' 같은 걸 연재하고 싶었어요. 탄소를 배출하지 않는 삶을 살면서 느낀 문제와 해결점을 공유할 생각이었죠. 막상 실천할 수 있는 아이템이 마땅치 않았어요. 저를 노출하는 일이 부담도 되었고요. 방법을 찾다가 주제를 서울로 확대했어요. 저는 서울에서 태어나 서울에서 살고 있는 서울 사람이니 지금 이곳의 탄소 중립을 전하면 어떨까 생각했죠.

혜정 → 서울을 얘기하려니 비교할 만한 해외 도시가 필요하겠더라고요. 덴마크 코펜하겐, 영국 런던, 미국 뉴욕을 정하고 '한 달 살기'라는 콘셉트를 붙였어요. 영상팀과 함께 더 긴 호흡으로 현지의 삶을 살피기로 했죠.

'유럽 도시에서 한 달 살기' 영상으로 보는 탄소 이야기라니, 구미가 당기네요.

수연 → 저희가 만든 영상을 많은 사람에게 보여주고 싶어서 고민을 했어요. 저희 영상이 여행 유튜버 '빠니보틀'의 브이로그처럼 보여지길 바랐죠. 그래서 도입부를 모두 여행 브이로그처럼 통일했어요. 유럽 여행 얘긴가, 하고 들어왔다가 탄소 이슈를 접했으면 했죠.

기후 위기를 다루는 다른 매체들과 확실히 차별화되었겠어요.

혜정 → 다른 매체들이 많은가요? 저는 좀 의문이에요. 충분한 것 같지 않아서요.

언론인이 봤을 때 기후 위기를 다루는 우리나라의 태도는 어떤가요?

혜정 → 우리나라 사람 대다수는 기후 위기의 심각성을 인지하고 있다는 연구 결과가 있어요. 그 내용을 다룬 기사가 많으니까요. 그런데 그다음 얘기가 없어요. 그래서 나한테 무슨 일이 일어나는 건지, 그러면 지금 어떻게 해야 하는 건지 같은 이야기를 하지 않으니 체감하기 어렵죠.

현종 → 뉴스라는 게 지금 여기서 일어난 일을 다루는 거잖아요. 솔루션은 미래에 대한 이야기고요. 기후 위기는 기존 뉴스의 문법에 맞지 않는 부분이 많아 언론이 해결책을 제시하기가 쉽지 않아요. 우리나라의 경우 스낵 컬처라고 부르는, 짧은 호흡의 콘텐츠 유통이 많아요. 기후 위기처럼 집중해서 읽어야 하는 심각한 주제를 다루기는 여러모로 어렵죠.

취재한 다른 나라들과 비교하면 어때요?

(혜정) → 우리나라에서 얘기하는 탄소 중립 정책을 보면 성과가 당장 눈에 보이는 걸 추구해요. 기후 문제가 단기간에 만들어진 게 아닌데 1~2년 안에 효과를 볼 수 있을까요? 없죠. 장기적으로 접근해야 하는데, 정책을 정하는 사람의 입장은 차이가 있더라고요.

한 달간 현지에서 생활한 얘기를 좀 해볼까요? 서울이랑 뭐가 다르던가요?

(수연) → 생활환경과 이동 수단의 차이를 가장 먼저 느꼈어요. 덴마크 코펜하겐의 경우 도시의 녹지 비율이 높고 자전거 타기가 진짜 좋아요.

서울에도 자전거 전용도로가 있잖아요.

(수연) → 차원이 달라요. 자전거로 건널 수 있는 다리나 전용 고속도로가 따로 있을 정도예요. 코펜하겐과 런던, 두 도시를 취재하면서 단 한 번도 카페에서 플라스틱 빨대를 받은 적이 없다는 것도 달랐고요. 영국에선 어딜 가든 친환경 관련 표지판을 볼 수 있어요. 공항에서 내리자마자 탄 엘리베이터에 "지역에서 생산한 지속 가능한 바이오매스로 운행합니다"라고 쓰여 있고, 길거리 부동산 광고에도 "우리 부동산은 탄소 중립 시스템으로 운영됩니다"라고 적혀 있었어요.

(혜정) → 교묘한 꼼수가 숨어 있을 수 있고 그린워싱일 수도 있지만, 많은 분야에서 친환경을 어필하는 게 시민들에게 익숙해 보였어요. 시민들은 그런 메시지를 더 보고 싶어 하는 것 같았고요.

기사를 쓰다 보면 헷갈릴 때가 있지 않나요? "일조량이 부족한 한국에서 태양광 패널 설치는 오히려 환경을 파괴한다"든지, "종이 빨대가 플라스틱 빨대보다 더 많은 탄소를 배출한다"는 기사가 나오기도 하잖아요. 기자가 과학자처럼 연구를 해볼 수도 없는 노릇이고요.

(현종) → 종이 빨대가 탄소 빨대보다 플라스틱 배출량이 적다는 것은….

(수연) → 탄소 빨대요? 플라스틱 빨대 아니고요?

(현종) → 아, 흥분했어요. 종이 빨대는 플라스틱 빨대보다 탄소를 덜 배출해요. 그건 이미 한참 전에 연구 결과가 다 나왔어요. 일조량이 한국에 비해 훨씬 적은 영국 런던도 태양광발전을 해요. 똑똑한 과학자들이 치밀하게 연구해 만든 자료가 얼마든지 있는데, 자꾸 그에 반하는 뉴스가 나가고 재생산돼요. 사실 이건 의도가 있는 거거든요. 이런 점이 정말 괴롭고 힘들죠.

기사 하나를 쓰기 위해 수많은 자료를 보겠어요.

(혜정) → 저희 스스로 확신을 가지고 틀리지 않은 기사를 쓰기 위해 엄청나게 노력해요. 그래서 플라스틱 빨대가 종이 빨대보다 많은 탄소를 배출한다고 말할 수 있는 거고요. 어떤 주장을 내세우기 전에 그게 맞는지 자료를 꼼꼼하게 살펴보고, 맞는다면 어떻게 바꿔야 할지 대안까지 찾아야 해요.

(현종) → 나올 수 있는 모든 질문에 답하겠다는 마음가짐으로 논문을 뒤지죠.

그동안의 취재와 경험을 종합해보았을 때, 서울이 가장 긴급하게 해결해야 할 문제는 뭐라고 생각해요?

(혜정) → 개인 민원도 괜찮을까요? 제가 얼마 전에 결혼을 하면서 빌라에서 아파트로 이사를 했어요. 식구가 는 만큼 전기세도 더 나올 것 같아 베란다 태양광발전기 설치를 알아봤어요. 베란다에 태양광발전기 하나쯤 설치해두면 집에서 쓰는 전기의 상당 부분을 해결할 수 있다고 해서요.

보조금이 없어지지 않았나요?

(혜정) → 그러니까요. 서울시에 새 시장님이 오면서 없어졌어요. 해당 보조금이 주변 다른 도시에는 있어요. 경기도에도 있고, 인천에도 있죠. 혹시 몰라 설치 사업자 몇 분께 문의를 했어요. 역시나 서울은 보조금이 없어 설치하기 어렵더라고요. 물론 보조금 없이 제가 부담할 수도 있지만, 배보다 배꼽이 더 커지겠죠? 전기세 아끼려 태양광발전기 설치 비용이 더 드니까요. 패널을 사서 제가 직접 설치하는 방법까지 고려해봤어요.

직접 설치하는 건 어렵나요?

(혜정) → 비전문가는 직접 할 수 없겠더라고요.

(수연) → 이거 다음 기획으로 어때요? 에너지 공급 문제가 심각하고 전기료도 인상되는 와중에 시민들이 가진 대안 하나가 없어진 거잖아요. 태양광 보조금은 굳이 새 발전소를 짓지 않고도 에너지 전환에 도움을 줄 수 있는 정책인데, 서울시에서 그걸 없앤 거예요. "기자가 새 집에 태양광발전기를 직접 설치해봤다. 왜? 보조금이 없어져서. 왜 없어졌나? 정권이 바뀌면서." 확 와닿을 것 같은데요.

다른 분들도 앞으로 써보고 싶은 기후 기사가 있나요?

(수연) → 저는 여행 브이로그에서 못다 한 얘기가 있어 계속 아쉬웠는데요, 귀국 후 네 명이 회사 스튜디오에 모여 마저 정리했어요. 그 내용을 두 편의 영상으로 제작해 내보냈고요.

(현종) → 얼마 전 시민 단체에서 나왔던 얘기인데요, 뭐가 좋고 뭐가 나쁘다는 식의 단편적인 얘기가 아니라 똑똑한 정책 패키지가 필요해요. 예를 들면 이런 거죠. 재생에너지 확대를 두고 소모적인 논쟁만 할 게 아니라 '재생에너지 확대가 필요하다'–'n만큼 필요하고, 그만큼 만들기 위한 부대시설은 nn만 원이다'–'그에 따른 사회적 비용은 어느 정도이고, 기대되는 효과는 이렇다'–'이를 위해 캠페인에 서명해달라'를 하나의 솔루션 패키지로 만드는 거죠. 지금은 환경 얘기를 해도 중요한 내용은 기화되고 구호만 남는 경향이 있거든요.

환경 기사는 읽고 나면 죄책감이 느껴진다는 독자들의 의견이 있어요. 이 기분을 해소하기 위해 독자들이 바로 실천할 수 있는 행동에는 뭐가 있을까요?

(수연) → <일점오도씨> 매거진에서는 어떻게 해요?

음, 저희도 계속 고민 중인데요, 홈페이지에 'GO' 버튼을 만들어 서명 운동이나 캠페인 참여를 독려하고 인터뷰 마지막 페이지에 팁을 적어 실천할 만한 내용을 빼놔요.

(현종) → 저희도 똑같아요. 예를 들면 청소년기후행동이라는 단체에서 헌법재판소에 탄소중립기본법이 위헌이라는 소송을 냈어요. 그에 대한 탄원서를 받는다든지, 재생에너지 투자 플랫폼을 소개한다든지….

(혜정) → 탄소 중립 정책이 실효성을 가지려면 시민의 삶에 불편을 끼치는 일까지도 고려해야 할 것 같은데, 변두리에서만 맴도는 건 아닌가 고민도 해요.

(현종) → 그때도 지금도 여전히 딜레마예요. 탄소 배출은 기업과 산업이 주를 이루는데, 해결은 시민의 책임으로 돌리는 건 아닌지.

효과적인 방법이 뭐 없을까요?

(혜정) → 인터뷰 뒤에 팁을 써준다고 했잖아요. 그게 쌓이지 않을까요? 저 역시 처음 기사를 쓸 때와 사회 분위기가 달라졌어요. 기후 문제에 관심을 가지고 이해하려는 사람들이 많아졌죠.

(현종) → 해외의 기후 활동 사례를 들어보면, 집회 시위에 많은 사람이 나와서 목소리를 내고, 그게 정치인에게 굉장한 압박을 준다고 해요. 우리나라에도 그런 목소리를 내고자 하는 잠재력은 보글보글 끓고 있다고 생각하거든요. 그게 가장 이상적이지 않나 싶어요, 일반인인 내가 일상에서 기후 인간으로서 효능감을 느끼는 방법으로.

(수연) → 저희끼리 그런 얘기 가끔 해요. 잘 만든 기후 기사에 댓글 달아주기, 개인 SNS에 기사 공유하기.

공유는 이해가 되는데, 댓글은 무슨 도움이 될까요?

(혜정) → 어려움을 뚫고 기사를 쓴 기자한테 큰 힘이 됩니다. 누군가는 기후와 탄소 얘기를 계속 해야 하잖아요. 좋아요, 댓글, 공유는 그 누군가가 계속 말을 할 수 있게 하는 원동력이 되고요. 장기적으로 봤을 땐 정말 중요한 일이에요. 인터넷 세상에서 기후와 관련해 '필요한 얘기를 다뤘네' 또는 '이 기사 괜찮네' 싶은 게 있으면 댓글을 달아주세요. 개인 SNS에 공유를 해주면 더 좋고요.

인터뷰이들에게 공통으로 물어볼 질문이 있어요. 서울은 기후 위기를 극복할 수 있을까요?

(혜정) → 서울엔 자원과 인구가 워낙에 모여 있잖아요. 그렇다 보니 서울의 탄소 중립이 우리나라 전체 탄소 중립에서 가장 중요한 이슈예요. 솔직히 서울이 기후 위기를 극복할 수 있을지 모르겠는데, 그래도 극복해야만 한다고 대답하고 싶어요.

다른 분들은요?

(현종) → 할 수 있죠. 무조건 할 수 있어요.

(혜정) → 오, 멋있어.

(혜정) → 이제는 할 수 있고 없고를 떠나서 해야만 해요. 강원도나 경기도의 유휴 부지, 공공건물의 옥상만 활용해도 충분한 재생에너지를 얻을 수 있다는 연구 결과가 이미 있어요. 우리나라 재생에너지 잠재력을 산출하면 2030년까지 서울의 탄소 중립은 가능해요.

(수연) → 많은 사람이 앞으로도 서울에서 삶을 영위하려면 탄소 중립은 필수예요. 태생이나 이 도시에 대한 애정을 떠나서 저는 어쨌든 서울에서 계속 살아가야 하니까요. 어려운 상황에서도 좋은 기후 기사를 꾸준히 쓰는 기자들을 응원해주세요. 좋아요, 댓글, 공유 같은 걸로요. (웃음)

TIP.
좋아요, 댓글, 공유가 아깝지 않은
한국일보 기자 추천 콘텐츠

JTBC '박상욱의 기후 1.5'

기후 위기의 실태를 보여주는 과학적 데이터, 이를
바탕으로 변하는 국제사회의 움직임, 그리고 우리나라의
대응 상황까지 살펴본다. 기후 위기와 탄소 중립에 관한
맥락을 이해하고 궁금증을 풀 수 있다.

경향신문 '꼬꼬탄'

경향신문과 기후 환경 단체 '플랜 1.5'가 함께한다.
'꼬꼬탄'은 '꼬리에 꼬리를 무는 질문으로 톺아보는 탄소
중립 녹색 성장 기본 계획'의 줄임말로 그 현실성과
필요성을 점검한다.

한국일보 '탄소 빌런, 서울'

2023 대한민국언론대상에서 대상을 받은 시리즈.
2022년 7~8월 미국 뉴욕, 영국 런던, 덴마크 코펜하겐을
방문해 세계 대도시의 적극적인 탄소 감축 성과를
확인했다. 그에 반해 탄소 빌런으로 자리매김하고 있는
서울의 현실을 집중 조명한다.

유튜브 채널 PRAN '제로 웨이스트 실험실'

실생활과 맞닿아 있는 콘텐츠. 어떻게 버려야 재활용이
가능하고, 어떤 폐기물이 재활용 불가능한지 알 수 있다.
실제로 이 실험을 통해 카스텔라의 플라스틱 트레이를 없앴다.

한겨레신문 '최우리의 비도 오고 그래서'

한겨레신문사 경제산업부 최우리 기자가 연재하고 있다.
장마와 홍수로 몸살을 앓고 있는 지구를 보며 가수 헤이즈의
노래 '비도 오고 그래서'에서 제목을 따왔다. 기후라는
깔때기로 바라본 정치, 사회, 경제, 산업, 저널리즘에 대한
고민을 적었다.

'LCA' 검색

전기차와 종이 빨대가 정말 더 나은 선택인지 궁금할 때
사용하는 마법의 단어 LCA (Life Cycle Assessment,
전 과정 평가)를 함께 검색한다. 예를 들면 'electric car
fuel car LCA'를 검색하는 식이다. 둘의 LCA를 비교한
자료를 pdf로 볼 수 있다.

WHAT IF SEOUL CITIZENS DO THIS?

만약 서울 시민이
○○○ 한다면

1000만 서울 시민이 하루에 한 가지씩만 평소와 다른 행동을 한다면 기후 위기 극복은 쉬워진다. 실천은 변화를 가져온다.

NUMBERS

EDITOR. Seohyung Jo / ILLUSTRATOR. Jaeha Kim

만약 서울 시민이 ~~한 달에 3일만 자동차를 타지 않으면,~~ 500MW급 화력발전소 1기만큼의 온실가스를 줄일 수 있다.

서울을 통행하는 자동차 수는 하루 평균 2600만 대. 이는 2022년 중국 자동차 시장의 신차 판매 대수를 모두 합한 만큼의 양이고, 현재 세계 각국에 등록된 전기차 수의 2.6배에 달하는 수치다. 차량 유입·유출량이 가장 많은 달은 5월이고, 일주일 중에서는 금요일이다. 서울시에 드나드는 차량 통행을 10% 줄이면 연간 온실가스 배출량이 179만3348톤 감소한다. 2021년 수도권 연간 자동차 주행거리인 1216억km와 자동차 1km 이용 시 배출되는 온실가스양인 147.5g을 활용해 계산한 값이다. 줄어든 온실가스 179만 톤은 500MW급 석탄화력발전소 1기가 1년 동안 뿜어내는 온실가스양과 비슷하다. 2024년 준공을 목표로 삼척에 짓고 있는 화력발전소 용량과 같다. 차량 통행을 줄이는 일은 여러 가지 방법으로 접근할 수 있다. 매일 운전하는 사람이 열흘에 하루만 자동차 대신 따릉이를 타면 된다. 따릉이는 서울시 2850개 대여소에 4만 3500대가 있다. 자전거를 탈 만한 거리가 아니라면 대중교통은 어떨까? 자동차 대신 버스를 타면 온실가스 배출량을 3분의 1로, 지하철을 타면 5분의 1로 줄일 수 있다. 서울에는 6577개 버스 정류장을 7398대의 버스가 돌고 있으며, 지하철은 470개 역에 걸쳐 335개의 열차가 360km를 달린다. 한 달에 6일 대중교통을 타면 삼척화력발전소에서 나오는 만큼의 온실가스를 막을 수 있다.

만약 서울 시민이 ~~물티슈 사용을 하루 한 장으로 줄이면,~~
10만 톤 규모의 군산 이산화탄소 포집 설비를 지을 필요가 없다.

우리는 회사에 출근하면 서랍의 물티슈를 꺼내 책상을 닦고, 점심시간에는 음식점에서 낱개 포장된 물티슈를 뜯어 쓴다. 옷에 음식물이 튀면 물티슈를 한 장 더 받아 얼룩을 지운다. 집에서 저녁을 먹고 식탁을 훔칠 때, 가구 위 먼지를 닦을 때도 물티슈를 쓴다. 그렇게 대략 인당 하루에 5.1장의 물티슈를 사용한다. 우리나라 성인 기준 물티슈 사용량은 월 60회, 153장이다. 이것을 반만 줄여도 30년생 소나무 1150만 그루가 연간 흡수하는 이산화탄소만큼의 효과를 볼 수 있다. 빨대 하나보다 물티슈 한 장의 플라스틱 함유량이 더 많다. 물티슈는 한 장에 5.2g의 탄소를 배출하고, 분해되는 데만 60년이 꼬박 걸린다. 70장 기준 물티슈 한 팩을 만드는 데는 738g의 탄소가 발생한다. 서울 시민이 하루 5.1장씩 사용하던 물티슈를 한 장으로 줄이면, 연간 10만 톤의 이산화탄소 배출을 막을 수 있다. 이산화탄소 포집 및 액화 설비를 짓는 것보다 물티슈를 줄이는 쪽이 여러모로 낫다. 570억 원을 들여 군산에 짓고 있는 이 설비는 연간 10만 톤 규모다. 물티슈 대신 화장실 세면대에서 손을 씻고, 낡은 수건으로 가구를 닦는 식으로 소비 형태를 바꾸면 이런 비효율적인 에너지 시설을 지을 필요가 없다.

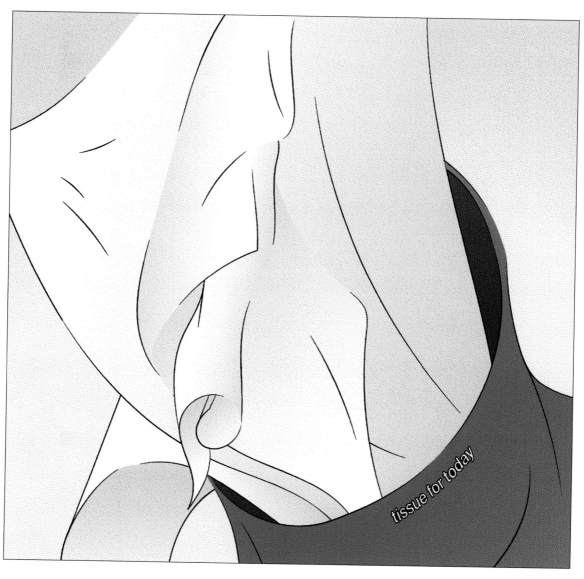

tissue for today

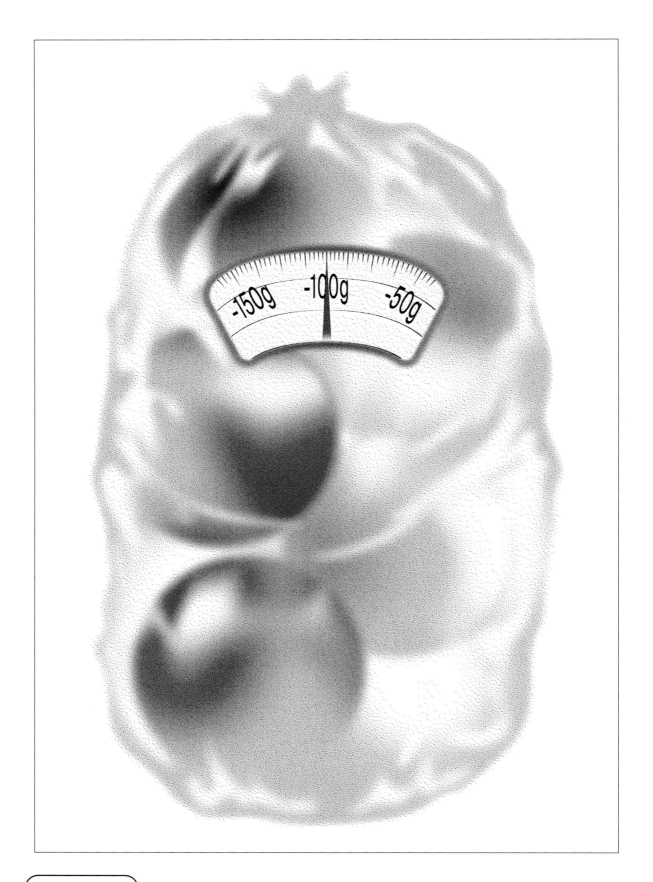

만약 서울 시민이 ~~쓰레기를 100G씩 덜 내놓으면,~~
1000톤 규모의 마포구 광역자원회수시설 소각장을 짓지 않아도 된다.

서울 시민은 매일 980g의 쓰레기를 배출한다. 서울에서만 하루 평균 3200톤의 쓰레기가 나오는데, 이는 남해안을 대표하는 항구도시 여수에서 1년간 배출하는 해양 폐기물보다도 많은 양이다. 그동안 서울의 쓰레기 중 1000톤은 인천의 수도권 매립지에서 처리해왔다. 하지만 곧 그렇게 할 수 없게 된다. 2022년 7월 환경부가 폐기물관리법 시행 규칙에서 '2026년부터 수도권 생활 폐기물의 직매립을 금지'하는 내용을 발표했기 때문. 쓰레기 문제를 해결하기 위해 서울시는 마포구에 1000톤 규모의 쓰레기 소각 시설인 '광역자원회수시설'을 짓기로 했다. 정말 필요할까? 서울환경연합이 '100투더퓨처: 쓰레기 100g 줄여서 미래로 가자'라는 이름으로 진행한 캠페인은 이 시설을 짓지 않고도 쓰레기를 해결할 방법을 모색했다. 서울의 1000만 시민이 하루에 쓰레기를 980g에서 100g씩만 줄이면 된다. 각자 매일 880g 이상의 쓰레기를 배출하지 않으면 마포구에 새로운 소각 시설을 지을 필요가 없다.

만약 서울 시민이 ~~전기 사용량을 1kWh씩만 줄이면,~~
화력발전소에서 4만 톤의 석탄을 태우지 않아도 된다.

서울 시민은 하루에 1776GWh의 전력을 사용한다. 이는 부산 시민이 한 달 동안 사용하는 수준의 에너지다. 서울에서 쓰는 에너지를 만들기 위해 화력발전소는 매일 41.82톤의 이산화탄소를 내뿜는다. 서울 시민이 하루에 1kWh씩 전기를 아껴 쓰면 화력발전소에서 2.4만 톤의 석유 또는 4만 톤의 석탄을 태우지 않아도 된다. 1000만kWh는 60km²의 태양광 패널이 만들 수 있는 에너지양과 같다. 매년 전국에 새로 들어서는 태양광의 면적이 대략 60km²이니, 그만큼의 산림과 농지를 지킬 수 있다. 한 사람이 1kWh의 전기를 평소보다 덜 쓰려면, 2등급 가전제품 대신 1등급 가전제품을 사용하면 된다. 이 밖에도 형광등을 LED 조명으로 교체하면 0.54kWh를, 에어컨 설정 온도를 1°C 올리면 0.41kWh를, 냉동실을 50% 비우면 0.3kWh를 절약할 수 있다.

만약 서울 시민이 ~~매주 한 끼 고기 없는 식사를 하면,~~
여의도 49배 면적에 30년생 소나무를 심는 효과를 볼 수 있다.

사람이 하루에 세끼를 먹는다고 계산하면 1년이면 1095번의 식사를 하는 셈이다. 그중 일주일에 한 번만 고기 없이 밥을 먹으면 1년에 52끼는 채식을 할 수 있다. 세계 온실가스 배출량의 4분의 1 이상은 인간이 먹는 식품을 생산하는 과정에서 나온다. 그리고 이 중 80%가 축산업과 관련이 있다. 축사의 온도를 유지하고, 사료를 재배하고, 짐승을 도축하는 과정에서 많은 에너지를 소비하기 때문이다. 우유, 치즈, 달걀까지 더하면 83%에 이른다. 육식 위주의 식생활을 바꾸면 시간과 비용을 덜 들이고도 탄소 배출을 줄일 수 있다. 서울 시민이 일주일에 한 끼만 식탁에서 고기를 없애도 온실가스 45만 톤을 막을 수 있는데, 이는 여의도의 49배 면적에 30년생 소나무를 가득 심어야만 볼 수 있는 효과다.

만약 서울 시민이
노후 건축물을 그린 리모델링하면,
태안의 500MW급 석탄화력발전소 20기에서
연간 내뿜는 탄소가 사라진다.

1000동의 노후 건축물을 리모델링하면 기존 건물 대비 에너지의 **43%**를 절약할 수 있다. 이는 곧 6만 톤에 해당하는 탄소 배출을 막는 일이다. 건축물은 시간이 지날수록 에너지와 단열 성능이 떨어진다. 1993년에 지은 아파트는 2023년에 지은 것에 비해 난방 에너지 사용량이 **43%**나 많다. 서울에는 노후 건축물이 84만4646채나 있다. 이를 모두 보완하면 연간 6000만 톤의 온실가스 배출을 줄일 수 있다. 이는 태안의 500MW급 석탄화력발전소 20기가 연간 내뿜는 양이다. 노후 건축물을 그린 리모델링할 경우, 알레르기와 천식 발생이 최대 **20%**까지 감소한다는 장점도 있다. 서울시에서는 우선 공공 건축물을 대상으로 그린 리모델링 사업비의 70%까지 지원하고 있다.

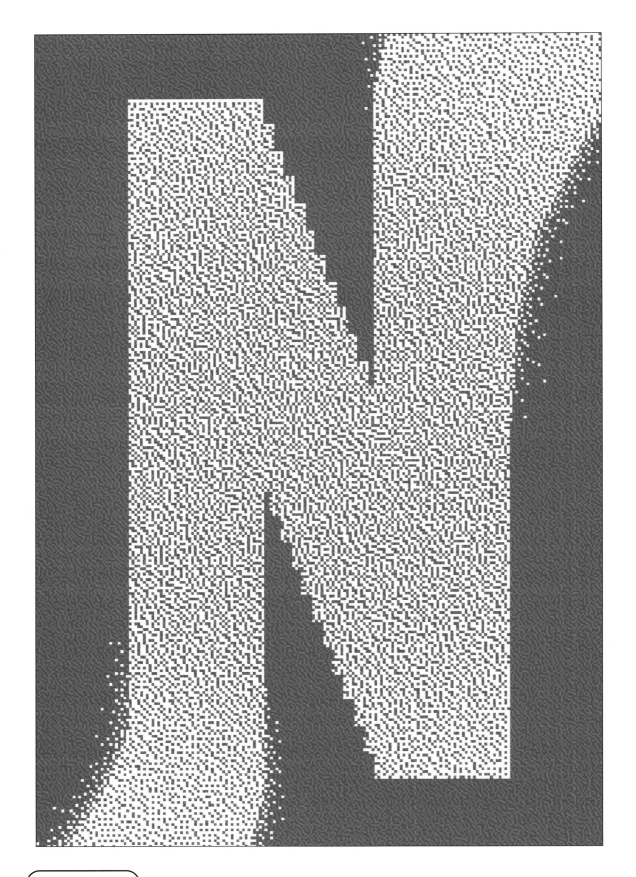

만약 서울 시민이 넷플릭스를 일반 화질로 보면, 자동차 16만5000대가 1년 주행한 만큼의 탄소 배출을 막을 수 있다.

넷플릭스 4K 영상을 한 시간 동안 보면 441g의 탄소를 배출한다. 드라마 한 편과 영화 한 편을 매일 본다고 하면, 한 달에 53kg에 해당하는 양이다. 이는 휘발유 차를 타고 서울에서 대구까지 237km를 운전할 때 나오는 탄소량과 맞먹는다. 스트리밍으로 고해상도 영상을 보는 것은 매일 밤 침대에 누워 탄소를 내뿜는 일인 것이다. 같은 조건에서 화질만 일반으로 바꾸면 한 달에 배출하는 탄소가 2.5kg으로 확 줄어든다. 매일 넷플릭스로 드라마와 영화를 보는 사람이라면 4K 영상을 일반 화질로 바꾸는 것만으로도 매달 50kg 이상의 탄소 배출을 막을 수 있다. 1000만 서울 시민이 이를 실천하면 1년에 1만5000km를 주행하는 소형 자동차 16만5000대만큼의 탄소 배출을 줄이게 된다. 이는 다른 스트리밍 서비스도 마찬가지다. 유튜브 영상을 한 시간 동안 보면 최대 1005g의 탄소가 배출된다. 오프라인으로 저장하거나 일반 화질로 바꿈으로써 탄소 배출을 줄일 수 있다.

만약 서울 시민이 새 청바지를 한 벌씩 덜 산다면, 우리나라 갯벌 전체가 흡수하는 양보다 많은 탄소를 절감할 수 있다.

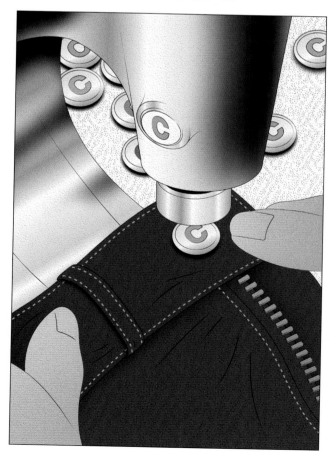

청바지 한 장을 새로 만들려면 최대 1만1000L의 물이 필요하다. 이는 화장실 변기 물을 약 1000번 내릴 수 있는 양이다. 청바지 한 장을 제작하는 데는 33kg의 탄소가 배출된다. 서울 시민이 청바지를 한 장씩만 사도 30만 톤의 탄소가 배출되는 것이다. 이는 우리나라 갯벌 전체가 흡수하는 탄소량보다 많다. 우리나라 갯벌은 2482km² 면적으로 연간 26만 톤의 이산화탄소를 흡수한다. 청바지를 한 장씩만 덜 사면 갯벌이 1년 동안 헛수고를 하지 않아도 되는 것이다.

바닷물이
차오르고 있는
상황에서

1.5℃

말뿐인 약속만을 99
기다릴 여유가
없습니다

**태평양 섬나라 투발루 외교장관,
사이먼 코페 Simon Kofe**

MUST VISIT SPOTS FOR
ECO HIPSTERS

이렇게 힙한 서울의
탄소 히어로 플레이스

탄소 중립 생활도,
멋도 놓치기 싫은 당신에게 제안하는
서울의 힙플레이스!

LIFESTYLE   EDITOR. Sumi Kim, Hyunsook Jung

① 포포브레드

블랙핑크 멤버 제니가 자신의 유튜브 채널에서 소개한 바로 그 빵집. 채식을 사랑하는 이들의 베이커리 맛집으로 익히 잘 알려진 포포브레드의 추천 메뉴는 '무화과 쌀깜빠뉴'와 '밤식이'. 포장 용기를 가져가면 적립금이 2배라는 점! 뚜두뚜두!

@forfourbread

화~토요일 11:00~18:00 → 마포구 동교로18길 13 세원빌딩 1층

② 라뽀즈

프랑스 파리의 작은 갤러리 같은 분위기를 자아내는 합정동 비건 디저트 숍. 쇼케이스를 빼곡히 채우는 달콤한 유혹 앞에선 그 누구라도 오래 머물고 싶을 것이다. 테이크아웃 시 텀블러와 용기를 지참하면 할인 혜택을 제공하는 멋도 놓치지 않는 곳. 무화과 러버들에겐 진한 코코넛 크림이 어우러진 무화과 케이크가 특히 인기 메뉴다.

@lala_lapause

월~토요일 12:00~22:00 / 일요일 13:00~21:00 → 마포구 양화로6길 60 1층

③ 보틀라운지

연희동 주민들의 사랑방을 자처하는 카페 겸 제로 웨이스트 숍. 일회용컵 대신 보증금과 함께 유리병에 음료를 담아 판매한다. 반려동물에게도 열려 있는 따뜻하고 다정한 공간이다. 템페 샐러드와 비건 치킨 샐러드 같은 간단한 식사 메뉴도 준비되어 있다.

@bottlelounge_

화~일요일 10:00~21:00 → 서대문구 홍연길 26 1층

④ 커피도가 헤리티지 신촌이대점

동물성 재료와 플라스틱을 사용하지 않는 단호함만큼이나 틀림없는 맛을 보장하는 커피와 디저트를 만나볼 수 있는 카페. 특히 구움 과자와 케이크류는 도저히 포크질을 멈출 수 없게끔 중독성이 강하다. 단, 포장 시에는 빈 용기 지참 필수! 개인 컵이나 텀블러를 맡기면 매장에서 세척, 건조 후 보관해주는 서비스도 제공하고 있다.

@coffee_doga_heritage

매일 12:00~22:00 → 서대문구 이화여대5길 9 1층 102호

⑤ 야트막

서대문역과 독립문역 사이 야트막한 언덕 위에 자리한 이곳은 커다란 통창 너머로 펼쳐진 뷰가 일품! 풍신한 프렌치토스트가 사계절 인기 메뉴다. 느긋하게 브런치를 즐기기에 더없이 좋은 공간이지만, 개인 용기를 지참해 2000원 포장 할인을 받는 것도 현명한 방법.

@yatmak_cafe

화~일요일 11:00~19:00 → 서대문구 독립문로 29 1층

⑥ 바이두부

용기를 챙겨 방문하면 10% 할인도 받고, 식물성 단백질도 충전 가능! 시그너처 메뉴는 브로콜리 두부강정. 튀기지 않고 오븐에 구운 두부에 사장님이 손수 짜서 만든 라임 비네거로 산뜻한 풍미를 더했다. 겉은 살짝 바삭, 안은 촉촉하면서도 쫄깃한 두부의 식감에 금세 행복해지는 마법을 경험할 수 있다.

@bytofu_hbc

월, 목, 금요일 9:00~19:30 / 토~일요일 9:00~17:00 → 용산구 소월로20길 10 2층

⑦ 홀썸

농장에서 바로 공수한 재료를 사용하는 팜 투 테이블. '오디 미트볼' '감태 짜조' 등 귀한 제철 식재료를 활용한 이색 레시피로 오감을 자극한다. 환경을 생각하는 베이킹을 지향하는 만큼 소비자에게 다회 용기 사용을 적극 권장하며, 보증금을 받고 다회 용기를 빌려주는 서비스도 제공한다.

@wholesome_farm.to.table

수~토요일 11:00~17:00 → 서초구 양재천로19길 19 1층

⑧ 그린 치앙마이

직접 개발한 특제 소스로 탄생시킨 특별한 타이 요리를 경험해볼 수 있는 곳. 일부 메뉴는 비건 옵션도 제공한다. 다회 용기를 가져오는 경우에만 포장이 가능하며, 메뉴별 상이한 포장 용기 규격을 인스타그램에 자세히 안내하고 있다.

@green__chiangmai

목~화요일 11:00~20:50 → 성동구 서울숲2길 11-12 지하 1층

⑨ 지속

소란스러운 대학가에 숨은 보석 같은 장소. '지속'이라는 이름에 걸맞게 카페를 채우는 모든 요소에 지구의 건강을 생각하는 진심이 새겨져 있다. 텀블러나 리유저블 컵, 포장 용기 사용 시 10% 할인 혜택을 제공한다. 주인장이 직접 만든 꾸덕꾸덕한 브라우니는 계속 먹고 싶은 맛이라고!

@jisok.seoul

화~목요일 12:00~20:00 / 금~일요일 12:00~22:00 →광진구 동일로20길 20 1층

① 꽃피는책

다큐멘터리 방송 작가 출신이자 숲 해설가인 책방지기가 책과 자연으로부터 얻는 행복감을 보다 많은 사람들과 나누고 싶어 마련한 공간. 숲, 생태, 식물 관련 책과 더불어 초록 식물들도 판매하며, 사람과 자연의 연결이 자연스럽게 이루어지는 공간이다.

@blooming__books

월~토요일 12:00~18:00 → 양천구 목동중앙북로16길 58

② 서울에너지드림센터

국내 최초 에너지 자립형 공공 건축물이자 오픈형 기획 전시관으로, 신재생에너지 및 기후변화와 관련한 여러 체험 프로그램과 상설 전시를 제공한다. 3층 드림도서관에는 건축과 환경 관련 도서를 구비하고 있다. '에너지 저소비형 선진 건축 모델'이라는 수식어를 얻은 공간인 만큼, 구석구석 찬찬히 둘러보며 건물 안에 깃든 건축적 가치를 음미하는 것도 좋겠다.

www.seouledc.or.kr

화~일요일 10:00~17:00 → 마포구 증산로 14

③ 문화비축기지 T6 에코라운지

문화비축기지는 폐산업 시설인 마포석유비축기지를 복합 문화 공간으로 재생시킨 곳이다. 과거 석유와 건설 산업을 대표하던 총 5개의 공간은 이제 1년 365일 시민의 발길이 이어지는 문화 탱크로 그 역할이 바뀌었다. 그중 T6 커뮤니티센터 2층에는 1800여 권의 생태 관련 도서와 함께 다락방, 오두막 등 안락한 독서 공간이 마련되어 있으며, 책을 매개로 한 전시·교육·워크숍 같은 다양한 문화 체험 활동을 진행한다.

@culturetank

화~일요일 10:00~18:00 → 마포구 증산로 87

④ 킁킁도서관

동물 보호 시민 단체 '카라'가 운영하는 동물 전문 도서관. 동물을 포함해 식물, 지구, 기후 등 인간과 공존하는 모든 자연에 관한 6000여 권의 책을 만날 수 있다. 엄청난 양의 아카이브를 자랑하지만, 유기묘 출신의 귀여운 고양이 사서가 상주 중인 이곳에서 독서 같은 건 아무래도 중요하지 않을 수 있으니 주의할 것!

@kara_library

금~토요일 14:00~20:00 → 마포구 잔다리로 122 3층

⑤ 비건책방

매일 다양한 책이 쏟아지는 상황에서 비건뿐만 아니라 젠더, 미식, 패션 등 세상을 바라보는 시야를 넓혀줄 다양한 소재의 책을 발굴하는 안목이 돋보이는 서점. 영화 상영, 북 토크, 지역 문화예술 활동 등 다방면으로 서점의 역할을 확장하고 있다.

@veganbooks_

화~금요일 11:00~20:00 / 토~일요일 10:00~19:00

→ 서대문구 가재울로2안길 29-14 1층

⑥ 슬런치 팩토리

블루 리본을 받은 명실상부 비건 맛집이기도 하지만, 운영진이 직접 읽고 모은 책을 구비해 몸과 마음에 이로운 양식을 두루 섭취하기 좋은 일석이조의 공간이다. 벽면을 가득 채운 화분과 예술 작품에서 어딘가 히피스러운 분위기가 묻어난다. 책 한 권 골라 맛있는 음식이나 음료를 곁들이며 자기만의 안온한 시간을 만끽할 수 있는 공간이다.

@slunch_factory

매일 11:00~23:00 → 마포구 와우산로3길 38

⑦ 모즈나

대흥동 주택가 골목에 자리한 독립 서점. 제로 웨이스트 소품도 판매해 독서와 제로 웨이스트를 추구하는 활동이 지속적인 시너지를 내도록 돕는다. 책방지기가 직접 내려주는 핸드드립 커피를 마시며 책을 읽을 수 있는 테이블도 마련해놓았다. 아담한 1평 공간이지만 다양한 서적을 보유하고 있으며, 도서 구매 적립 포인트는 책방지기가 직접 만든 뜨개질 소품이나 책방 한쪽에서 판매 중인 제로 웨이스트 상품으로 추후 교환할 수 있다.

@moznabooks

화~토요일 14:00~20:00 → 마포구 고산16길 9 1층

⑧ 토투 서울

거실 한구석을 책으로 가득 채운 후암동 제로 웨이스트 스테이. 프랑스어로 '거북이'를 뜻하는 '토투'에서 이름을 따온 데는 이유가 있다. 방치돼 있던 구옥을 오랜 기간에 걸쳐 개조해 완성한 공간인 만큼, 손님들에게 거북이처럼 느리지만 충분한 휴식을 선사하고 싶었다고. 베란다를 개조한 서재는 토투의 백미다. 명상 분위기를 자아내는 안온한 공간에서 스스로를 위한 시간을 보내고 나면 복잡했던 마음도 한결 가벼워질 것이다.

@totu_seoul

에어비앤비, 스테이폴리오 예약 → 용산구 두텁바위로37길 22

⑨ 풀무질

다른 일은 잊고 오롯이 책에 집중하고 싶을 때 더할 나위 없이 완벽한 곳이지만, 풀무질은 책을 사거나 혹은 읽으러 가는 장소 그 이상의 의미를 지니고 있다. 일주일에 서너 번 열리는 세미나와 워크숍, 북 토크에서는 기후 위기나 동물권은 물론이고 노동, 인권, 페미니즘, 공공성 등 폭넓은 주제를 다룬다.

@poolmoojil

목~화요일 13:00~22:00 → 종로구 성균관로 19 지하

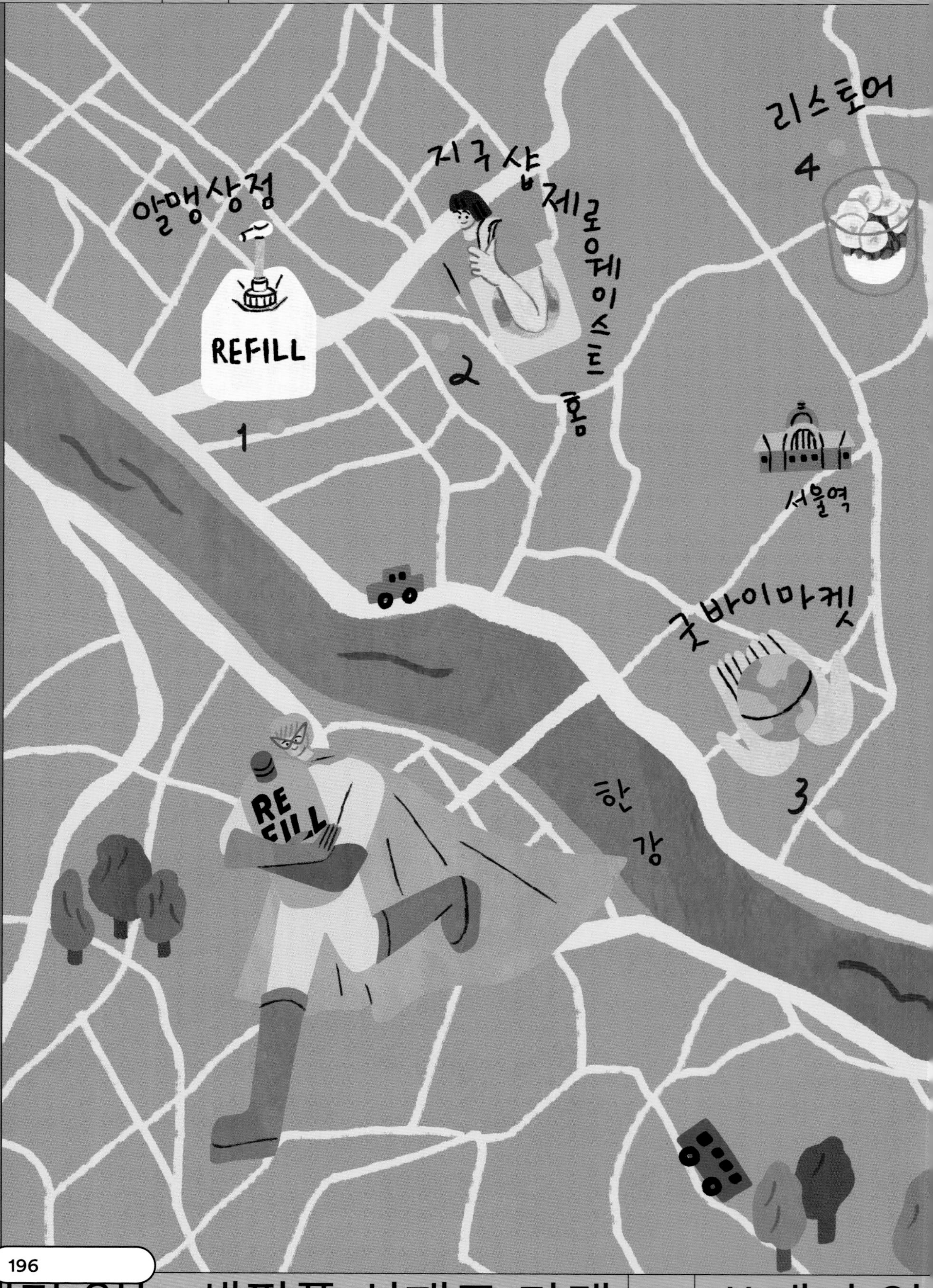

알맹상정
REFILL
1

지구샵 제로웨이스트 홈
2

리스토어
4

서울역

굿바이마켓
3

한 강

REFILL

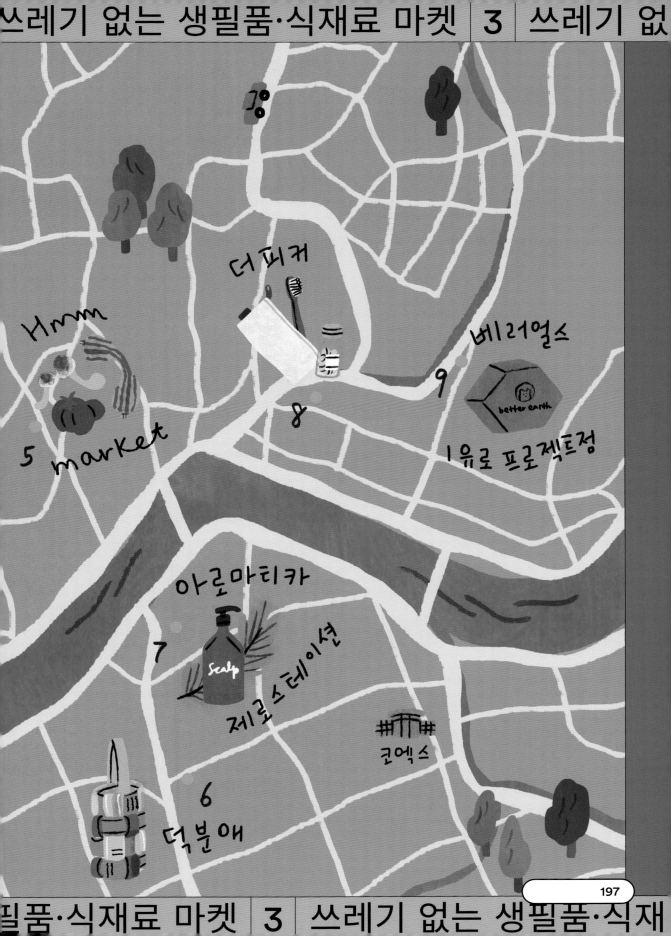

① 알맹상점

각종 세제부터 화장품, 식자재까지 약 700여 개 품목을 소분해서 그램 수에 맞춰 구매할 수 있는 서울의 대표 리필 스테이션. 제품 판매뿐만 아니라 주변 상인과 소비자에게 장바구니를 나눠주며 '비닐봉지 쓰지 않기'를 독려하는 캠페인, 금이 간 그릇을 스스로 고쳐 쓰는 기술을 알려주는 '킨츠키 워크숍', 쓰지 않는 물건을 기부하면 필요한 사람은 누구든 물건을 가져갈 수 있는 '알맹상점 공유센터' 등 환경 보호에 관한 인식과 공감대 확산을 위해 노력하며 많은 사람들의 발걸음을 이끌고 있다.

@almang_market

화~일요일 12:00~20:00 → 마포구 월드컵로25길 47

② 지구샵 제로웨이스트홈

제로 웨이스터의 집을 콘셉트로 삼아, 각자의 공간에서 보내는 일상생활에 필요한 다양한 친환경 생활용품을 판매하는 편집 매장. 제로 웨이스트 숍이라고 해서 소품만 파는 것은 아니다. '낭비 없이 사는 즐거움'을 전파하기 위해 환경 관련 전시와 캠페인을 기획해 선보인다.

@zerowaste_jigu

수~월요일 11:00~21:30, 토 11:00~17:00　→ 마포구 성미산로 155 1층

③ 굿바이마켓

친환경적으로 유의미한 제품부터 지역 상생이나 동물 복지 등의 지속 가능한 가치를 담은 제품을 소개하는 제로 웨이스트 편집 숍. 주방용품부터 오피스 제품, 뷰티 제품, 운동복, 반려동물을 위한 간식까지 종류가 다양해 구경하다 보면 시간 가는 줄 모른다는 후문!

@goodbuy_yongsan

월~금요일 10:30~19:30 / 토요일 11:00~17:00　→ 용산구 서빙고로 17 해링턴스퀘어 1층 89호

④ 리스토어

제로 웨이스트 식료품점. 매일 아침 주인장이 직접 만드는 비건 그래놀라를 기본으로 바질 페스토, 깻잎 스콘, 두부 딜 스프레드 등 작지만 그 자체만으로 미식의 싱그러운 감각을 한껏 높여주는 것만 판매한다. 간편하면서도 건강과 맛을 놓치고 싶지 않은 이들에게는 후회하지 않을 선택지.

@restore_seoul

화~토요일 11:00~19:00　→ 종로구 옥인길17

⑤ Hmmmarket

못생긴 게 뭐예요? 흠이 있다는 이유만으로 외면받는, 일명 못난이 채소를 판매하는 그로서리 스토어 겸 카페테리아. 사실 이곳에서는 못생긴 채소란 없다. 특별히 귀엽고 대단히 매력적인 채소만 있을 뿐. 현지에서 직거래한 농산물을 내놓기 때문에 가격과 신선도 모두 만족스럽다.

@hmm.market

화~일요일 11:00~21:00 (레스토랑 오픈12:00)　→ 용산구 신흥로5길 8

⑥ 덕분애

오늘날의 우리가 실천하는 사랑 덕분에 다음 세대가, 그리고 모두의 환경이 조금이라도 더 건강해지기를 바라는 마음이 깃든 제로 웨이스트 숍. 1층에 마련된 '비푸스'는 식사와 장보기를 동시에 할 수 있는 비건 그로서란트로, 생필품과 식재료 쇼핑·외식까지 한 번에 해결할 수 있어 더욱 매력적인 가게다.

@thanksto__zerowaste.seoul

월~토요일 12:00~20:00 → 서초구 서운로26길 11 2층

⑦ 하우스 오브 아로마티카

피부도 살리고 지구도 살리는 착한 그루밍 제품을 찾는다면 기억해두어야 할 브랜드 '아로마티카'의 철학을 이해하고 체험할 수 있는 공간. 신사역에서 도보로 약 10분 거리에 있다. 매장 가장 안쪽에 마련된 리필 스테이션에서는 약 18종의 베스트 제품을 소비자가 가져온 공병에 리필할 수 있다. 현장에서 유리나 플라스틱 PCR 용기를 구매해 리필도 가능하다.

@aromatica.life

매일 11:00~19:00 → 강남구 강남대로 162길 41-4

⑧ 더피커

2016년 국내 최초의 제로 웨이스트 숍으로 시작해 지금껏 꾸준히 운영하고 있는 만큼 잔뼈가 굵은 경력을 자랑한다. 여타 제로 웨이스트 숍에서는 찾아보기 힘든 도슨트 프로그램을 운영하고 있어, 아직 제로 웨이스트가 낯선 사람에게도 진입 장벽을 낮춰준다.

@thepicker

화~금요일 12:00~20:00 / 토요일 12:00~18:00   → 성동구 왕십리로14길 9 1층

⑨ 베러얼스 1유로프로젝트점

친환경 생활 실천과 요리조리 구경하는 재미, 두 마리 토끼를 확실히 잡을 수 있는 곳. 실생활에 필요한 물건부터 공정 무역 지역에서 만든 키링, 브로치 같은 소소한 아이템까지 두루 만나볼 수 있다. 매장에서 발생하는 폐기물을 최소화하고, 주변 이웃들과도 제로 웨이스트 생활을 함께 해나가기 위해 '월간 얼쓰줍킹'이라는 플로킹 프로그램을 진행하고 있다.

@better_earth_zerowaste

수~월요일 11:00~20:00 → 성동구 송정18길 1-1 201호

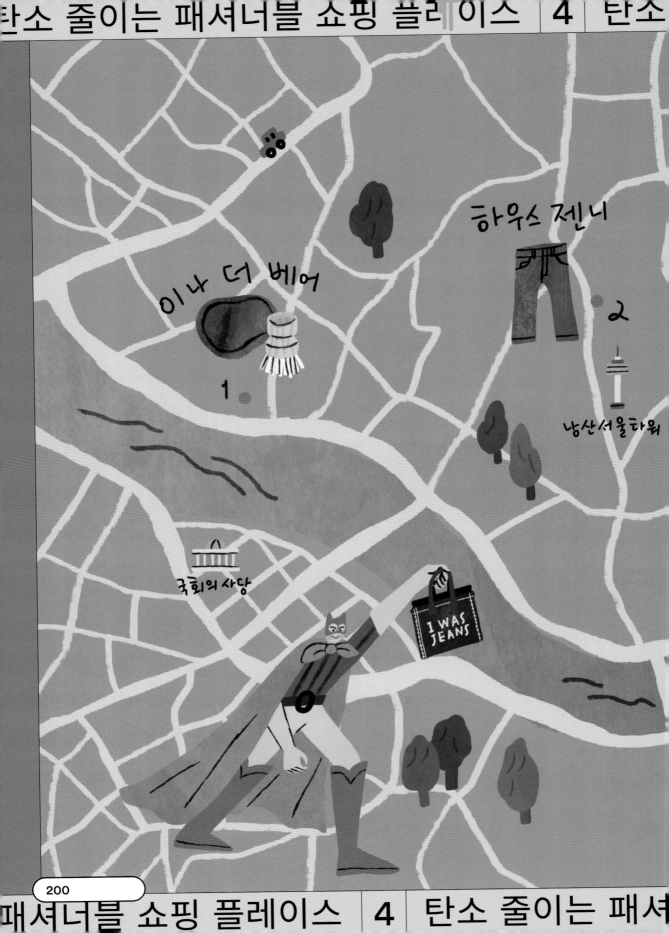

이나 더 베어

하우스 젠니

1

2

낭산서울타워

국회의사당

I WAS JEANS

① 이나 더 베어

오랜만에 만나는 친구에게 반가움의 표시로 건넬 만한 귀여운 소품부터 집들이 선물로 제격인 실용도 높은 생활용품까지, 친환경을 지향하면서 멋스러운 분위기도 겸비한 제품들이 준비되어 있다. 따뜻하고 차분한 색감과 아기자기한 물건을 좋아하는 취향을 가졌다면 방문해볼 만하다.

@inahthebear

월~토요일 11:30~21:30 → 마포구 독막로2길 31 청암빌딩 1층

② 하우스젠니

가방을 중심으로 기후·환경 이슈를 감각적으로 전개하는 에코 디자이너 브랜드 '젠니클로젯'이 운영하는 쇼룸 겸 카페. 이곳의 특별함은 오프라인 한정 제품도 만나볼 수 있다는 점이다. 특히 최근 선보인 업사이클링 데님백 컬렉션이 큰 사랑을 받고 있다는 후문!

@hauszenny

월~금요일 8:00~19:00 / 토요일 10:00~18:00

→ 중구 소공로6길 13-7

③ 르 캐시미어 서스테이너블 해빗 서울숲

의류 브랜드 '르 캐시미어'가 의식주 전반에 걸친 지속 가능한 삶을 제안하기 위해 선보인 복합 문화 공간으로, 환경과 사람 간 선순환을 꾀하는 아이템들로 가득 채워져 있다. 1층은 제로 웨이스트 카페 써니브레드, 2층은 다양한 친환경 브랜드 제품을 판매하는 곳으로 기증받은 쇼핑백과 에코백을 비치한 셀프 포장대가 마련되어 있다. 순환과 재생을 테마로 삼은 르 캐시미어의 전 제품을 만나볼 수 있는 3층과 업사이클을 주제로 한 워크숍 공간인 4층까지, 반나절 정도를 오롯이 보내도 좋을 정도로 다채롭다.

@sustainable_habits_

화~일요일 11:00~20:00 → 성동구 서울숲2길 24-8

④ 목로정원

우드 톤 인테리어에 다양한 꽃과 식물로 채워 이름처럼 한 폭의 그림 같은 정원을 연상케 한다. 비건 음료와 디저트, 와인을 판매하는 카페이자 꽃집이기도 하다. 이곳의 꽃다발은 최소한의 종이 혹은 보자기로 포장해 제공한다.

@mokrojungwon

매일 11:00~21:00 → 성동구 서울숲2길 47 3층

⑤ 래코드 청담

코오롱FnC가 선보인 업사이클링 기반 패션 브랜드 '래코드'의 전 상품을 만나볼 수 있는 매장이다. '해체와 재구성'이라는 콘셉트 아래 3년 이상 된 재고 의류와 미사용 원단을 활용해 만든 업사이클링 의류를 판매한다. 청담 플래그십 스토어에 한해 개인 소장품을 리디자인해주는 'MOL(Memory of Love)' 스튜디오도 운영하고 있다.

@recode_

매일 11:00~20:00 → 강남구 도산대로75길 11

⑥ 밀리언아카이브

중고 의류 사용은 버려지는 옷에서 발생하는 온실가스의 양을 줄여 결과적으로 환경을 보호하는 좋은 방법이다. 한 달에 한 번꼴로 열리는 빈티지 의류 매장 밀리언아카이브는 재미있고 합리적인 가격의 옷을 선보이겠다는 일념 아래 매번 테마를 기획해 일정 기간 동안만 운영한다. 여름에는 하와이안 셔츠, 겨울에는 크리스마스 니트, 못생긴 그림이 그려진 어글리 스웨터 등 뚜렷한 콘셉트를 잡아 한 종류의 아이템에만 집중하는 식이다.

@millionarchive

화~일요일 13:00~20:00 → 성동구 아차산로5길 24-18

⑦ 마르헨제이 성수 플래그십 스토어

비건 핸드백으로 유명한 브랜드 마르헨제이의 핵심 철학인 '공존의 가치'를 반영한 플래그십 스토어. 플라스틱 업사이클 원단, 사과 껍질로 만든 가죽 등을 활용한 제품 개발에서 독보적인 전문성을 보여주듯, 플래그십 스토어 역시 유니크하게 꾸며졌다. 성수동 매장에서만 만나볼 수 있는 리미티드 제품부터 패션과 예술, 음악이 어우러진 전시도 상시 진행한다.

@marhen.j

매일 11:00~20:00 → 성동구 연무장5길 4

⑧ Nukak Casa Seoul

2001년 스페인 바르셀로나에서 시작해 2016년 한국에 상륙한 업사이클링 브랜드 '누깍'의 새로운 공간. 폐자원을 활용한 가방, 지갑, 폰 케이스 등을 판매하며, 매장 방문객에 한해 직접 커스터마이징도 가능하다. 세상에 단 하나뿐인 나만의 가방이나 액세서리를 찾는다면 꼭 찾아봐야 할 곳.

@nukak.kr

매일 11:00~20:00 → 성동구 연무장길 89 B1

⑨ 마켓인유

희소성 있는 미국 중고 의류를 판매하는 세컨드 핸드 숍. 깨끗한 세탁과 꼼꼼한 관리를 거쳐 구제 의류 특유의 냄새가 적은 것이 강점이다. 환경을 생각해 중고 의류를 구매하고 싶지만 구제 특유의 먼지 냄새에 진입 장벽을 느꼈던 사람이라면 특히 후회 없을 가게이니, 꼭 한 번 들러보시길. 1990년대 미국 록 감성의 패션을 좋아하는 사람도 득템 하기 좋은 곳이다.

@marketinu_official

매일 11:00~20:00 → 아차산로 166

하울 인 더 바

남산 서울 타워

퍼멘즈

한 강

국회의사당

VEGAN

① 하울 인 더 바

간단히 칵테일 취향을 이야기하면 알아서 잘
딱 깔끔하고 센스 있게 추천해주는 사장님은
10년 이상의 경력을 갖춘 베테랑 바텐더.
비건 칵테일은 시즌마다 구성이 달라진다.
여기에 사장님의 어머니가 자연 농법으로
재배한 식재료로 만든 나물 안주를 곁들이면
술이 술술 들어갈지도? 밑반찬과 술의
시너지를 아는 어른이라면 방문해보자.

@howl_in_the_bar

매일 19:00~03:00 → 마포구 동교로38길 33-15 2층

② 퍼멘츠

내추럴 와인과 수제 콤부차를 선별해
판매하는 곳. 모든 메뉴는 직접
발효한 천연 조미료로 맛을 낸다.
두툼한 팔라펠 패티에 갈릭 머시룸
크림소스를 얹은 버거는 호불호 없는
맛의 대표 메뉴. 입안 가득 베어 물고
진한 풍미가 채 가시기 전에 시그너처
메뉴인 얼그레이 콤부차 하이볼 한
모금을 곁들여보시길.

@ferments.seoul

일~목요일 12:00~23:00 / 금~토요일 12:00~24:00

→ 용산구 한강대로7길 22 1층

③ 찡쪽바

배는 부르고 2차로 왁자지껄한 식당은 가기 싫은
그런 날. 논비건, 비건 모두에게 유토피아가
되어줄 만한 술집이다. 이국적 분위기의 공간에서
다양한 칵테일과 위스키, 와인 등을 맛볼 수 있다.
단골손님들이 꼽는 베스트 안주는 마라 크림
떡볶이와 톡톡 터지는 식감이 재밌는 옥수수전도
별미 중에 별미다. 극강의 단짠단짠을 자랑하는
옥수수전 한 젓가락에 상큼한 자두 하이볼을
들이켜는 순간, 오늘 내가 누울 자리는 여기.

@zzinzzok2

월, 화, 목요일 18:00~23:30 / 금~토요일 18:00~24:00

일요일 18:00~23:00 → 종로구 성균관로 7-1

④ 지금 여기가 맨앞

을지로 좀 다녀본 비건이라면, 이미 잘
알고 있을 이탈리언 레스토랑. 웨이팅이
다소 긴 편이지만, 다 그럴 만한 이유가
있다. 입소문을 타고 인기 급상승 중인 라구
떡볶이와 제대로 칠링한 화이트 와인의 조합,
어떻게 참는데? 와인 외에도 술 종류가 꽤
다양해 어느 메뉴와 페어링할지 고민해보는
재미가 쏠쏠하다.

@veryfront_seoul

월~금요일 11:30~22:00 / 토요일 13:00~21:00

→ 중구 을지로20길 16 3층

⑤ 카무플라주

중식과 와인은 의외로 아주 잘 어울리는 궁합이다. 매콤
짭조름한 아메리칸 차이니즈 안주에 제대로 칠링한
화이트 와인을 페어링하면 이곳이 바로 지상낙원. 중식을
먹으면 으레 생각나는 맥주도 물론 준비되어 있다.
사장님이 추천하는 베스트 안주인 쿵파오 치킨 외에도
3단계로 나눠 맵기 조절이 가능한 토마토 누들 수프,
두부 크럼블 등 한국인의 입맛을 저격하는 맛깔스러운
메뉴는 양도 푸짐하거니와 특유의 매콤한 감칠맛이 먹은
다음 날에도 생각날 정도다.

@camouflage_iteawon

매일 11:00~24:00 → 용산구 이태원로26길 19 2층

⑥ 알트에이

모든 메뉴가 술을 부르는 중식 중심의 퓨전 아시안 레스토랑. 강하고 향긋한 고량주에 곁들이기 좋은 안주들뿐이라 메뉴 선택에 어려움을 겪을 수도 있다. 그런데 사장님의 추천 조합이 의외다. 갓 딴 레몬을 즙 낸 것처럼 상큼하고 가벼운 비건 와인 '피노소 코스타 알리칸테 블랑코'와 식물성 참치볼 샐러드를 함께 먹으면, 스페인 남부의 해변으로 순간 이동을 하는 기분이 든다고!

@alt.a_official

매일 11:30~22:00 → 용산구 보광로 109

⑦ 몽크스부처

비건을 위한 와인이 다양한 가격대로 준비되어 있고, 우드 톤 인테리어와 살짝 어두운 조도의 내부가 로맨틱한 시간을 보내기에 더없이 완벽하다. 채식주의자는 물론 채식을 경험해보고자 하는 이들에게도 많이 알려진 곳. 100% 비건 레스토랑으로, 보다 특이한 채식 요리를 맛보고 싶다면 디너로 방문해보기를 추천한다.

@monksbutcher

월~목 17:00~22:30 / 금~일 11:00~22:30 → 용산구 이태원로 228-1 3~4층

⑧ 핀치브런치바

낮에는 여유로운 브런치 바로, 디너 타임에는 스몰 플레이트에 내추럴 와인을 곁들일 수 있는 와인 바로 운영하는 곳. 고수 타르트, 피스타치오 페스토 파스타 등 선입견을 깨는 독특한 비건 메뉴로 여유로운 브런치에 힙을 한 스푼 더한 감성 만점의 식당이다. 낮이든 밤이든 공간이 뿜어내는 힙을 오롯이 견딜 수 있다면 혼술을 즐기는 것도 추천!

@pinch_brunch_bar

수~토요일 11:30~22:00 / 일요일 11:00~17:00 → 강남구 압구정로4길 19

⑨ 천년식향

우리가 익히 알던 채식과는 차원이 전혀 다른 맛을 선사하는 곳. 무엇을 상상하든 그 이상의 맛을 경험할 수 있는 이곳의 요리는 내추럴 와인과 떼려야 뗄 수 없는 사이다. 순식물성 재료로부터 최상의 맛을 이끌어내는 순도 높은 요리와 엄격한 기준으로 선별한 내추럴 와인 페어링은 천년식향을 믿고 방문하는 이유다.

@millennial_dining

월~금요일 18:00~22:00 / 토~일요일 12:30~22:00 → 서초구 효령로 316-1 3층

SECONDHAND LIFESTYLE IS THE NEW BLACK

중고 생활 20년 베테랑과 '새활용센터' 가보니

새로 사는 게 더 쉽고 편한데 왜 중고를 쓰느냐고? 자칭 '중고 생활 베테랑'인 소설가
이건해는 말한다. 물건에 대한 태도의 전환이 삶과 가치관까지 송두리째 바꿀 거라고.
새로 태어나길 기다리는 물건들로 가득한 송파구 새활용센터에서, 더 재밌고 다채로운
중고 생활 방법을 함께 살펴보았다.

LIFESTYLE   EDITOR. Sumi Kim / PHOTOGRAPHER. Hae Ran

서울시, 중고 마켓 사장이 되다?

서울시에서는 새활용 문화의 지역 확산을 위해 5개 자치구에 자원 순환 복합 공간을 시범 운영한다. 그중 처음으로 정식 운영을 시작한 송파구 새활용센터는 2021년 12월 개관했으며, 봉사 단체인 새마을운동 송파구지회에서 운영을 맡고 있다. 이곳에 있는 물건들은 일반 가정에서 이사할 때 정리하거나 더 이상 필요가 없어 내놓았지만, 충분히 쓸 만한 것들이다. 송파구 새활용센터는 이 멀쩡한 물건들이 폐기되기 전에 무료로 수거해 새 삶을 불어넣고 있다.

온라인이나 앱을 통해 중고 거래를 하려면 개인이 감당하기엔 제법 복잡하고 까다로운 일들이 있다. 이를테면 겉보기에는 멀쩡해도 제대로 작동하는지, 오래 쓸 수 있는지, 구석구석 관리가 잘되어 있는지, 적정한 가격을 매겼는지 등을 진단하는 일이다. 거래 현장에서 짧은 시간 안에 눈대중으로만 짐작하기엔 아무래도 불확실하다. 이곳에서는 직원들이 이러한 수고로움을 꼼꼼히 도맡는다. 도착한 물건을 깨끗하게 닦고 세척하는 것은 물론, 세탁기나 냉장고 등 소비자가 상시로 사용하는 제품은 3~7일간 테스트 가동도 거친다. 정비가 필요한 경우, 간단한 수리는 직원들이 직접 해결한다. 온갖 물건을 일일이 들여다보고 매만지다 보니 직원들은 어느덧 만물박사가 되었다.

그럼에도 새로 사는 것이 편리하고 재미있도록 설계된 세상에서 중고 소비를 고집하는 일은 꽤나 번거롭다. 중고 물품을 거래할 수 있는 플랫폼이나 방식을 더욱 다양화해야 하는 이유다. 최근 에세이집 《아끼는 날들의 기쁨과 슬픔》을 쓴 이건해 작가는 20년 동안 오래된 물건들의 새 쓰임새를 발견해온 소회와 함께 이러한 고민들을 책에 담았다. 그가 송파구 새활용센터를 방문하고 싶었던 것도 이 때문이다.

'중고 생활 20년'이라는 소개 글을 책에서 보고, 나이가 좀 있으신 분인가 했는데 아니더라고요. 학창 시절 때부터 중고 생활을 해오신 건데, 계기가 있을까요?

취미였던 보드게임이 시작이었어요. 지금은 정식으로 발매하는 게 많은데, 20년 전쯤에는 그렇지 않았거든요. 직접 구하려면 비싸기도 했지만, 사고 싶어도 구하기 힘드니까 보드게임 커뮤니티 게시판에서 자연스럽게 중고를 구입하게 됐어요. 하다가 질리거나 하면 팔기도 했고요. 그러다 보니 중고 제품 쓰는 데 거부감 같은 게 없어지고 보드게임뿐만 아니라 다른 것도 중고를 쓰는 게 당연한 일이 되더라고요.

요즘은 제법 대중화했지만, 이전에는 중고 사용을 궁상맞게 보거나 안 좋게 여기는 시선도 있었잖아요.

당근마켓 같은 플랫폼이 나오기 전에는 중고를 사도 굳이 남들한테 얘기 안 했던 것 같아요. 뭔가 민망하기도 했고요. 이제는 다들 "당근마켓에서 대박 건졌다!" 이런 식으로 서슴없이 얘기하는 걸 보면 인식 변화를 부쩍 체감할 수 있어요.

중고 제품이 가격 측면에서도 매력적일 수 있지만, 작가님 책 곳곳에서 환경문제에 대한 실천의 일환으로 중고 생활을 지속한다고 느꼈거든요. 환경문제 중에서도 특히 어떤 부분에 관심을 갖고 있으신가요?

환경오염에 대한 전반적인 경각심은 과학책 등을 통해 어릴 때부터 갖고 있었지만, 요즘 일상에서 가장 실감하는 건 쓰레기 문제 같아요. 제가 사는 집 앞에 아파트 두 개 동의 쓰레기가 모이거든요. 매주 한 번씩 쓰레기가 어마어마하게 쌓이는 걸 본단 말이에요. 그런데 사람들이 쓰레기를 정말 대충 던져놓고 가요. 그걸 다음 날 고용 어르신들이 다시 분류하는 걸 보면 별로 마음이 안 좋죠. 그리고 무언가를 쓰고 버리는 우리의 태도에 문제가 있다, 이것들이 누적돼서 턱 끝까지 차올랐구나, 하는 걸 느껴요.

요즘은 온라인 중고 거래 플랫폼이 워낙 잘되어 있고 이용률도 높잖아요. 그런데 이런 오프라인 공간이 필요한 이유는 뭘까요?

필요한 정도가 아니라 아주 많아져야 한다고 생각해요. 《핀란드 사람들은 왜 중고 가게에 갈까》라는 책에 보면 헬싱키에는 동네마다 중고 가게가 서너 곳씩 있고, 젊은 층의 이용도 활발하다고 해요. 매력적인 중고 오프라인 매장이 가까운 곳에 많이 있으면, 꼭 중고를 써야겠다고 마음먹은 사람뿐만 아니라 누구든 어떤 물건이 필요할 때 자연스럽게 중고도 선택지로 삼게 될 거예요.

송파구 새활용센터는 주 이용층이 50~60대라고 해요. 젊은 중고 생활자 입장에서 보기에 이곳은 어떤가요?

물건 검수를 굉장히 꼼꼼하게 해서 깜짝 놀랐어요. 일주일 정도 직접 가동도 해본다고 해요. 중고 거래 온라인 플랫폼 이용자들 사이에서도 이런 수요가 많아요. 그래서 온라인 플랫폼은 세척, 안전 거래, 검수 서비스를 추가 비용을 받고 제공하기도 하거든요. 그런 면에서 이곳은 정말 안전한 중고 거래 선택지가 될 수 있을 것 같아요.

다만 접근성이 좀 아쉽기도 한데요, 주 이용층에 맞춰서 진열을 해놓다 보니 젊의 눈길을 끌 만한 공간과는 거리감이 있어요. 물건이 워낙 많아서 창고형 매장 같은 느낌도 들고요. 그런데 찬찬히 돌아보니까 한국식 빈티지 가구나 레트로 식기처럼 젊은 사람들이 좋아할 만한 소품도 꽤 많아서 재밌더라고요. 그런 부분도 같이 눈에 띄게 진열하고, SNS나 홈페이지를 통해 입고 물품을 소개하는 등 접근성을 강화하면 모든 세대를 아우를 수 있을 거라는 생각이 들었어요.

쓰던 물건을 내놓는 것도, 중고 물건을 사는 것도 새 물건을 구입하는 것보다는 품이 더 들어요. 마음이 있어도 바쁘고 정신 없을 때는 '그냥 버리자' '그냥 새것 사자' 하게 되는데요, 작가님은 이럴 때 스스로 마음을 다잡는 방법이 있나요?

바쁜 사람한테 시간을 억지로 내라고 하는 건 거의 불가능한 일이지만, 저는 가급적 중고 물건을 사고파는 게 우선순위가 되도록 만들어요. 예를 들어, 팔 물건이 생기면 그걸 굉장히 눈에 거슬리는 데에 놔두죠. 그러면 계속 '저걸 팔아야 하는데' 하는 생각이 들어 누워서 유튜브 볼 시간 따윌 아껴서 사진 찍어 올리거나, 기부처에 가져가죠. 또 팔아서 생긴 돈이나 중고를 구매해서 아낀 돈을 따로 모으는 것도 보람 있어요. 이처럼 스스로에게 과정 자체가 보상이 될 수 있게 하는 편이에요.

중고 생활을 해오는 동안 달라진 점이 있다면요?

저는 남한테 가치 없던 물건을 제가 고치고 다듬어서 다시 쓸 때 자기 효능감이 많이 생기더라고요. 특히 요즘같이 멀쩡한데도 버리는 물건이 많은 시대에는, 좀 과장된 표현이라 잘 사용하지 않지만, 이 물건 하나를 '구조했다'는 말을 쓰고 싶은 마음이 들기도 해요.(웃음)

그리고 오래된 물건을 아껴 쓰는 사람들에 대한 시선도 달라졌어요. 저희 아버지가 물건 고쳐 쓰시는 게 취미인데 예전에는 '그 정도 물건은 좀 새로 사면 안 되나' 이런 생각을 꽤 했거든요. 지금은 생각이 많이 바뀌어서 자원을 소중하게 여기고, 용도를 재발견하려 애쓰는 사람들에게 호감이 생기더라고요. 구두 뒤축에 수선한 자국이 있는 걸 보면, 이 사람은 굉장히 물건에 애정을 갖고 쓰는구나 하는 존경심이 들죠. 나에겐 필요 없어졌지만 멀쩡한 물건을 그냥 버리지 않고 좋은 주인을 찾아주려는 분들도 그렇고요. 나눔을 실천하는 분들을 보면 대단한 것 같아요.

이렇게 물건을 고치고 다시 쓰는 생활이 우리가 사는 세상에 정말 도움이 될까요?

우선, 추가로 자원이나 에너지를 들이는 일이 아니니까 재활용보다 훨씬 더 자원을 아낄 수 있고 탄소 배출도 줄겠죠. 또 우리가 분리수거를 열심히 한다고는 하지만 실제로 그만큼 다 재활용을 하는 것도 아니고, 생분해성 플라스틱 같은 것도 실제로 분해될 수 있는 여건은 아직 아니라고 하잖아요. 그런 부분들을 생각하면 버리기 전에 다시 쓰는 게 훨씬 좋겠죠.

나아가서 물건을 한 번 더 고치고 다시 써보면 생각이나 태도가 굉장히 달라질 거라고 생각해요. 중고 제품을 사용하는 것이 경제나 생활 면에서 보탬이 되기도 하지만, 기후 위기 해결을 위한 일종의 적극적인 행동이기도 하거든요. 중고로 뭔가를 쓰면서 '이런 문제에 나도 동참하고 있어'라는 보람을 갖게 되면 지자체나 정부, 단체에서 하는 관련 활동도 더 관심 있게 지켜보지 않을까요? 궁극적으로는 내가 세상을 좋아지게 하려면 어디에 투표해야 하고, 어떤 기업의 상품을 선택해야 할지에 대한 고민으로까지 나아갈 수 있고요. 작은 실천이 서서히 쌓이다 보면 기업이나 정부, 단체를 더 나은 방향으로 움직일 수 있는 힘이 될 거라고 믿어요.

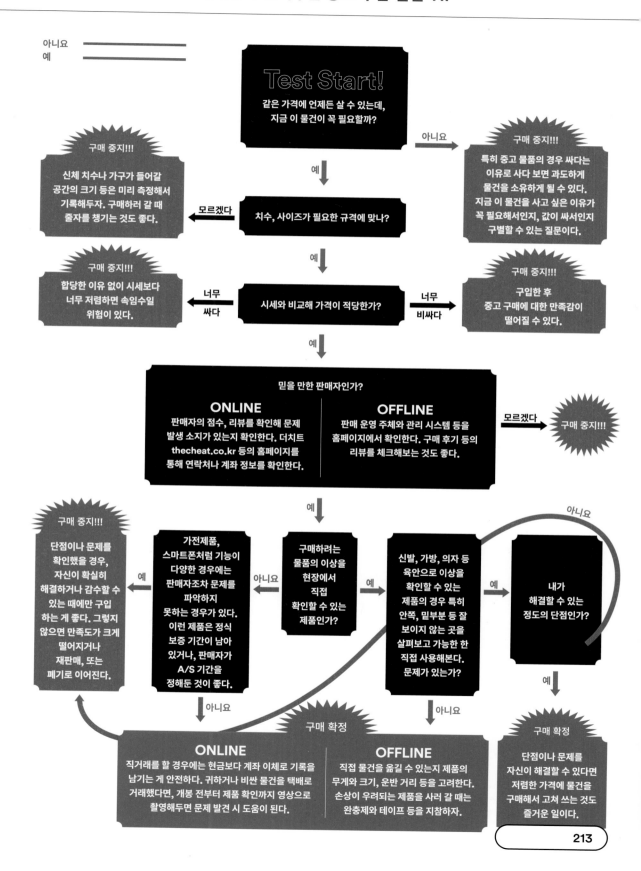

아니요 ——————
예 ——————

Test Start!
같은 가격에 언제든 살 수 있는데,
지금 이 물건이 꼭 필요할까?

아니요 →

구매 중지!!!
특히 중고 물품의 경우 싸다는
이유로 사다 보면 과도하게
물건을 소유하게 될 수 있다.
지금 이 물건을 사고 싶은 이유가
꼭 필요해서인지, 값이 싸서인지
구별할 수 있는 질문이다.

예 ↓

구매 중지!!!
신체 치수나 가구가 들어갈
공간의 크기 등은 미리 측정해서
기록해두자. 구매하러 갈 때
줄자를 챙기는 것도 좋다.

← 모르겠다

치수, 사이즈가 필요한 규격에 맞나?

예 ↓

구매 중지!!!
합당한 이유 없이 시세보다
너무 저렴하면 속임수일
위험이 있다.

← 너무 싸다

시세와 비교해 가격이 적당한가?

너무 비싸다 →

구매 중지!!!
구입한 후
중고 구매에 대한 만족감이
떨어질 수 있다.

예 ↓

믿을 만한 판매자인가?

ONLINE
판매자의 점수, 리뷰를 확인해 문제
발생 소지가 있는지 확인한다. 더치트
thecheat.co.kr 등의 홈페이지를
통해 연락처나 계좌 정보를 확인한다.

OFFLINE
판매 운영 주체와 관리 시스템 등을
홈페이지에서 확인한다. 구매 후기 등의
리뷰를 체크해보는 것도 좋다.

모르겠다 → **구매 중지!!!**

예 ↓

구매 중지!!!
단점이나 문제를
확인했을 경우,
자신이 확실히
해결하거나 감수할 수
있는 때에만 구입
하는 게 좋다. 그렇지
않으면 만족도가 크게
떨어지거나
재판매, 또는
폐기로 이어진다.

← 예

가전제품,
스마트폰처럼 기능이
다양한 경우에는
판매자조차 문제를
파악하지
못하는 경우가 있다.
이런 제품은 정식
보증 기간이 남아
있거나, 판매자가
A/S 기간을
정해둔 것이 좋다.

← 아니요

구매하려는
물품의 이상을
현장에서
직접
확인할 수 있는
제품인가?

예 →

신발, 가방, 의자 등
육안으로 이상을
확인할 수 있는
제품의 경우 특히
안쪽, 밑부분 등 잘
보이지 않는 곳을
살펴보고 가능한 한
직접 사용해본다.
문제가 있는가?

예 →

아니요 ↗

내가
해결할 수 있는
정도의 단점인가?

예 ↓

구매 확정
단점이나 문제를
자신이 해결할 수 있다면
저렴한 가격에 물건을
구매해서 고쳐 쓰는 것도
즐거운 일이다.

아니요 ↓

구매 확정

ONLINE
직거래를 할 경우에는 현금보다 계좌 이체로 기록을
남기는 게 안전하다. 귀하거나 비싼 물건을 택배로
거래했다면, 개봉 전부터 제품 확인까지 영상으로
촬영해두면 문제 발견 시 도움이 된다.

아니요 ↓

OFFLINE
직접 물건을 옮길 수 있는지 제품의
무게와 크기, 운반 거리 등을 고려한다.
손상이 우려되는 제품을 사러 갈 때는
완충제와 테이프 등을 지참하자.

ECOLIFE MAKES MONEY

기후 행동이 살림살이에
보탬이 된다고요?

지구를 지키는데, 돈이 쌓인다?
탄소 히어로가 놓쳐선 안 될 경제적 혜택

LIFESTYLE

EDITOR. Sumi Kim

그린 모빌리티를 애용한다면?

저공해 차량이 서울시 공영 주차장 이용하면?

주차 요금 50% 할인

* 저공해 차량은 자동차등록증과 신분증 지참하고 관할 시·군·구청 환경과 또는 차량등록사업소에서 저공해 차량 등록 후 스티커 발급받아 부착

미세먼지 저감과 온실가스 감축 효과 인정! 수소차 구매 시

차량 가격의 50% 할인 32,500,000원 지급

* 접수일 기준 30일 이전부터 서울시에 거주하거나 서울시에 사업자 등록을 한 개인·법인·단체·공공기관 대상. 환경부 무공해차 통합 누리집(ev.or.kr) 구매 보조금 지원 시스템에서 신청

대중교통 이용하는 서울시 만 19~24세 청년이라면 주목!

교통카드 마일리지 연간 최대 100,000원 지급

* 청년몽땅정보통 (youth.seoul.go.kr) (금융·복지 > 청년대중교통비지원)

강동구, 양천구 사세요? 전기자전거 구매 시

보조금 최대 300,000원 지급

* 해당 지자체 홈페이지 또는 교통행정과에 문의

자전거 교통안전교육 인증제 도전하세요! 합격 시

따릉이 할인 1일권 30%, 정기권 15%

* 서울시 평생 학습 포털 (sll.seoul.go.kr) '학습정보 > 특강안내'에서 신청

5700만 원 미만 전기차 구매하면

보조금 최대 8,600,000원 지급

* 무공해차 통합 누리집(ev.or.kr)에서 구매 보조금 지급 대상 차량 확인 및 신청
* 5700만~8500만 원 미만 차량은 보조금의 50% 지원

절취선

♻️ 자원 순환에 동참했다고요?

안 쓰는 물건과 옷, 아름다운 가게에 기부 시

연말정산 소득공제

분해되는 데 100만 년 걸리는 유리, 깨끗이 씻어서 판매처에 돌려주는 빈 용기 보증금 제도

개당 70~350원

* 2000포인트부터 현금 환전 가능. '슈퍼빈' 앱 통해 주변 네프론 위치 및 기기 상태 확인

투명 페트병, 음료수 캔 반납 시 돈으로 돌려주는 AI 쓰레기통 '네프론'

개당 10원

🦸 당신도 에너지 절약 히어로?

* 통합 에코 마일리지 (ecomileage.seoul.go.kr)에서 정보 등록 및 마일리지 적립·사용처 확인

서울 시민의 탄소 중립 실천을 지원하는 서울시 대표 서비스

ECO 마일리지
→ 가정이나 사업장에서 전기, 수도, 도시가스 등 에너지를 절약한 정도에 따라 마일리지 지급

승용차 마일리지
→ 서울시에 등록된 자동차의 주행거리 감축 정도에 따라 마일리지 지급 (12인승 이하 비사업용 승용·승합차)

통합 에코 마일리지
연 최대 8만 원

절취선
절취선
절취선
절취선

🏢 제로 에너지 빌딩을 계획 중인가요?

* 건물 에너지 효율화 사업 지원
  시스템 (brp.eseoul.go.kr)에서
  온라인 신청 또는 서울시
  저탄소건물지원센터 방문 신청

에너지 효율 개선하는 노후 주택에 가구당 최대

500만 원

* 저탄소건물지원센터 홈페이지
  (ecobuilding.seoul.go.kr)
  에서 신청

저탄소 건물 건축 및 에너지 효율 개선 공사, 어디부터 어떻게 시작하지? 걱정 마세요!

컨설팅 비용 FREE

* 건물은 최대 20억 원, 주택은
  최대 6000만 원까지 대출 가능.
  융자금은 8년 이내 원금 균등
  분할 상환
* 건물 에너지 효율화 사업 지원
  시스템 (brp.eseoul.go.kr)을
  통해 신청서 접수

건물 에너지 효율화 사업 추진하는, 10년 이상 경과한 민간 건축물이라면?

서울시가 금리 0% 융자 지원

🚶 쓰레기를 줄였군요. 참 잘했어요!

* 해당 지자체 홈페이지 참고 후
  거주지 관할동 주민센터 방문 신청
* 조건에 부합하는 50만 원 이내의
  제품 한정

음식물 쓰레기 부피 최대 92.4%까지 줄인다! (용산구·도봉구)

음식물 처리기 구매 시 최대 50% 할인

* 서울의 공원 (parks.seoul.
  go.kr)에서 정보 확인 후 협력
  업체에 신청서 제출
* 문의: 서부공원여가센터
  공원여가과 02-300-5542

월드컵 공원에서 일회성 쓰레기 없는 친환경 결혼식은 어때요?

장소 이용료 4시간 23,830원

* 관할 수도사업소,
  120다산콜센터 통해 신청

종이 고지서도 쌓이면 대형 쓰레기! 수도 요금 전자 고지 신청 시

200~1,000원 할인

절취선

건축,
100년 후
서울을
상상하다

ART

EDITOR. Seohyung Jo

강산이 열 번 변하는 동안
서울은 과연 친환경
도시가 되어 있을까?
2023년 9월에 열릴
서울도시건축비엔날레에
참가한 건축가들의
상상을 미리 엿본다.
산길, 물길, 바람길의
도시가 될 100년 후 서울.

1.
Water Topo

by 운생동건축사사무소 김미정

물속에서 유영하는 워터 드론은 평소에는 수중에서 수질 정화 기능을 한다 ©운생동건축사사무소

운생동건축사사무소는 건축과 도시에 대한 담론을 다각적 문화 콘텐츠로서 발현하는 실험적 건축가 그룹이다. 이 그룹의 일원인 건축가 김미정은 서울에 무한한 성장과 변화 가능성을 품은 물의 공원을 제안한다. 물은 인간의 생존에 필수적인 요소이며, 도시에 생명력을 불어넣는 귀중한 자산이다. 도시의 물은 일정하고 확정된 형태의 길을 따라 흐른다. 도시가 생기기 이전의 강은 마치 살아 있는 유기체처럼 지형을 변화시키고 재구성하며 자유롭게 흘렀다. 다양한 동식물 생태계를 유연하게 수용하고 구석구석에 모래를 쌓아 모호한 경계를 만들었다. 건축가 김미정은 과거 물의 공간이 그랬던 것처럼 미래의 서울 역시 무한히 열린 장소이자 지형으로 변해야 한다고 말한다. 그는 물과 도시의 경계가 사라진 서울을 그렸다. 물의 공원은 시민의 일상을 관통하는 인프라인 동시에 휴식 공간이 된다. 끊임없이 팽창하고 소모되는 대도시의 인구와 인프라를 무한하고 유연하게 수용할 수 있다.

페스티벌 같은 도시적 임시 공간에 대한 요구가 발생할 때에는 자율주행 워터 드론이 조합을 이뤄 물 위를 부유하는 광장을 구축한다
©운생동건축사사무소

한강 수변이 확장되어 기존의 노들섬 한강대교 같은 공간들과 어우러진 지형을 만든다 ©운생동건축사사무소

2.
New Seoulness

by 백승만

백승만은 프랑스에서 박사 학위 및 건축사 자격증을 취득하고 귀국한 건축가다. '동양 도시의 에코 시스템과 건축'을 주제로 프랑스에서 «Ecosystème urbain et architecture en Asie orientale»을 출간했다. 그는 프랑스 건축물이 굳건한 제국의 상징처럼 석조와 대리석으로 이뤄졌다면, 한국의 건축물은 바람과 물이 빚어낸 것이라고 비유한다. 그 믿음으로 바라보는 서울은 단순한 기술의 집합체가 아니다. 역사와 철학, 문화의 모습이 도시 전반에 영향을 미치며 여전히 살아 있기 때문. 도시를 이루는 건축의 기술도 이 감성에 초점을 맞춰 인간다움을 실현하는 방향으로 발전하길 꿈꾼다.

반포에서 바라본 한강변 모습 ⓒ백승만

새로운 중심 업무 지구와 여의도 한강공원 사이에 긴 수평적 복합몰 및 원효대교 위 UAM역을 제시해 시민 여가 문화를 활성화한다 ©백승만

백승만은 서울 여의도가 지닌 장소적 잠재력을 최대한 드러내려 했다. 새로운 중심 업무 지구와 여의도 한강공원 사이에 있는 긴 수평적 복합물을 랜드마크로 삼았다. 원효대교 위에는 도심항공모빌리티(UAM)역을 제시해 지상의 시민 여가 문화를 활성화했다. 그가 그린 미래의 서울에서 국회의사당은 주변 높이를 규제해 경관을 보호한다. 한강변 주거 단지는 한강공원과 자연스럽게 연결된다. 저층부는 도시 조직에 따라 주차장과 차도·매장을 배치하고 고층부는 자연 조건에 맞춰 보행자 중심의 다양한 녹지 네트워크가 펼쳐진다. 백승만은 집과 건축물의 공간적 효율성과 투기적 관점만 따지지 말고 인간과 자연의 합일을 고려해야 한다고 주장한다. 도시는 언제까지나 사람이 사는 공간이기 때문이다.

여의도의 새로운 랜드마크로 제안하는 건물은 바람길을 틔워 자연 친화적으로 만들었다 ⓒ백승만

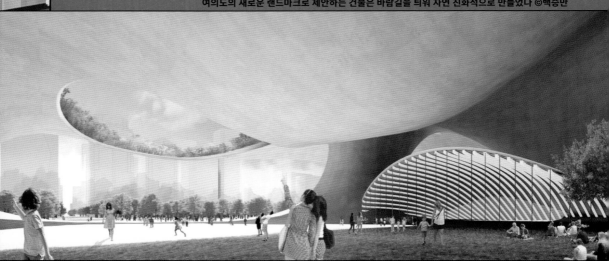

3.
RHYTHM CITY

by BCHO파트너스
윤자윤, 이지현, 홍경진

서울 도심에서 시작해 한강 둔치까지 연결되는 다층적 플랫폼 ©BCHO파트너스

BCHO파트너스는 한국을 대표하는 조병수 건축가가 이끄는 건축사 사무실이다. 윤자윤, 이지현, 홍경진 건축가는 서울 용산에서 한강까지의 지역에 주목했다. 서울이 가지고 있는 도로와 다리 같은 기본 인프라와 멀티 레이어 플랫폼을 엮어 개발 위주의 도시계획에서 벗어나길 꾀한 것.

그들은 서울의 자연과 도시의 맥을 연결해야 시민들이 비로소 리듬 있는 삶을 살게 될 거라고 보았다. 이는 서울의 물길, 바람길, 풍경길, 사람길을 자연 친화적으로 복원했을 때 가능하다. 먼저 건물군을 고층화하고 이를 공중 플랫폼으로 이어 바람길을 텄다. 이를 통해 도시의 열섬 현상을 최소화하고 평균온도를 낮출 수 있다. 그렇게 생긴 나머지 지상 공간은 녹지와 실개천이 흐르는 물길로 복원한다. 멀티 레이어 플랫폼은 한강 둔치까지 습지 형태로 연결된다. 물을 인공 제방에 가둬 도심에서 강으로의 접근성을 떨어뜨리고 생태 서식지를 파괴한 한강의 형태도 바꿔 본래의 모습으로 복원한다.

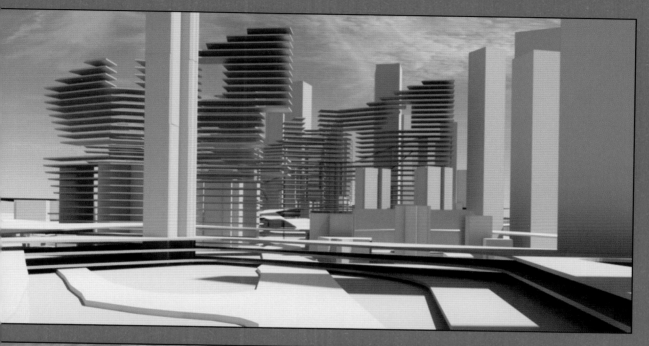

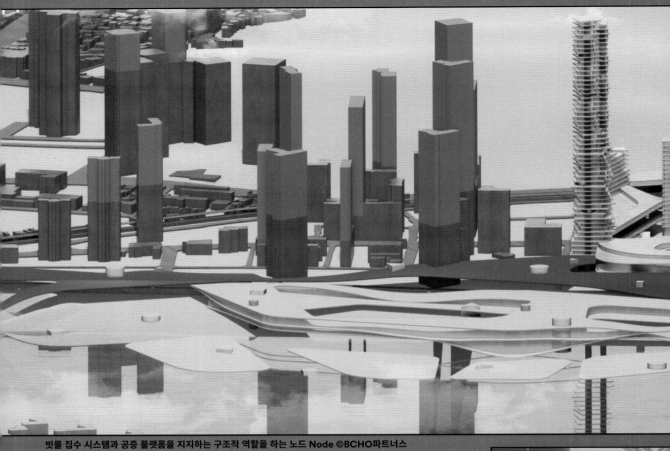

빗물 집수 시스템과 공중 플랫폼을 지지하는 구조적 역할을 하는 노드 Node ©BCHO파트너스

인공 제방으로 생긴 단절을 해소하고 본래의 수변 환경으로 복원한 한강 ©BCHO파트너스

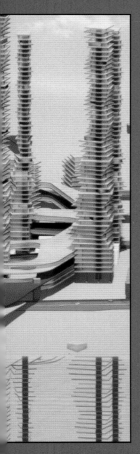

자연길에 맞춰 설계한 서울시 마스터플랜 ©BCHO파트너스

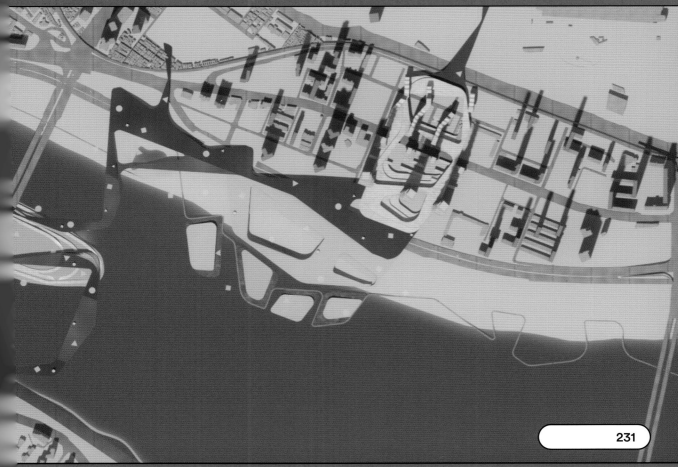

4.
GREEN RINGS

by Groupo Aranea,
Rocío Ferrández, Francisco Leiva,
Andres Llopis, Marta García
and José Luis Carratalá.

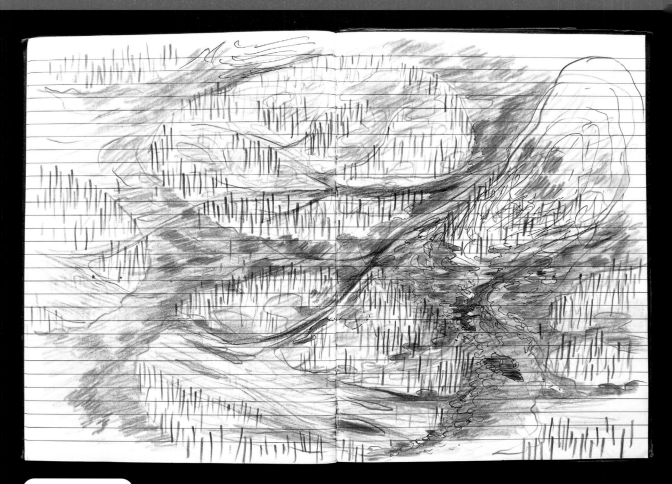

한강과 녹색 고리 네트워크 사이에 위치한 빌딩들 ©ARANEA

아라니아 Aranea 그룹은 1998년 스페인에서 결성된 단체다. 건축가, 엔지니어, 조경 디자이너, 예술가, 생물학자, 사회학자로 이뤄져 있다. 아라니아는 라틴어로 '거미'를 뜻한다. 거미줄처럼 촘촘하게 반복적으로 쌓인 개념의 네트워크를 꿈꾸며 지리적 정체성을 중심으로 한 디자인을 중요하게 생각한다. 아라니아는 옛 한양의 도시계획에 주목했다. 자연은 도시의 주인이다. 산과 강·녹지의 연결은 유지하고, 그 이외에 인간에게 필요한 시설을 재구성하는 녹색 고리 네트워크를 제안한다. 자연이 있어야 할 공간에 세워진 건물을 없애고 건물의 층고와 밀도를 높이는 것이다. 도시와 녹지 사이의 전환 공간은 대중이 이용하며, 녹색 고리로 둘러싸인 각 지역이 도시의 새로운 구획으로 자리 잡는다. 그렇게 각자의 지리적, 지형적, 문화적, 사회적 특징을 바탕으로 자율성을 지닌 건물을 짓는다. 이 제안의 핵심은 이전 세대의 증언을 잊지 않고 자연이 도시로 들어오게끔 하는 것이다.

도시 건축물과 녹색 고리 네트워크 ©ARANEA

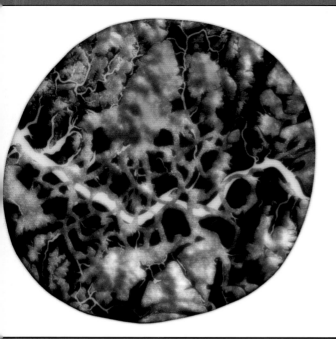

생명체의 세포로 표현한 2023 서울 ©ARANEA

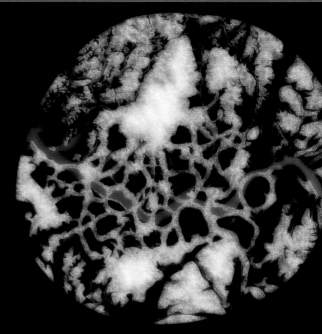

자연이 만들어낸 길에 맞춘 서울시 마스터플랜 ©ARANEA

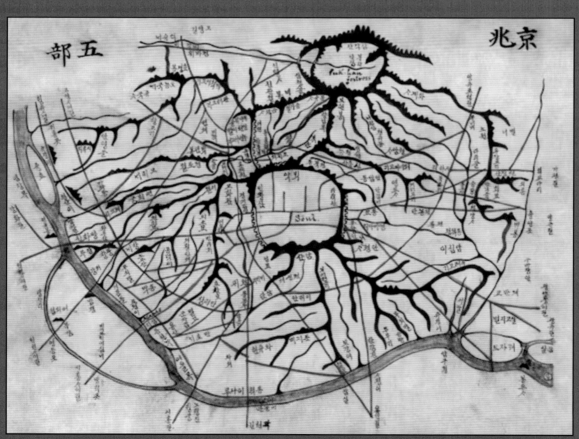

옛 서울의 도시계획 ©ARANEA

제4회 2023 서울도시건축비엔날레

서울은 본래 산세와 물세 그리고 바람의 흐름에 맞추어 만들어졌다. 근대화를 거치면서 경제적 효율만을 고려한 건축물로 들어찬 서울은 산과 강, 바람 등 천혜의 자연 혜택으로부터 차단되어가고 있다. 2023 서울도시건축비엔날레의 공모전에서는 이 차단된 경계를 어떻게 허물고 극복할 수 있을지 실험하는 장이 되었으면 한다.

주제   → 땅의 도시, 땅의 건축
          산길, 물길, 바람길의 도시, 서울 100년 후를 그리다
기간   → 2023.9.1~10.29(예정)
장소   → 열린송현녹지광장, 서울도시건축관 일대
프로그램 → 전시, 시민 참여 프로그램, 학술 행사
홈페이지 → www.seoulbiennale.org

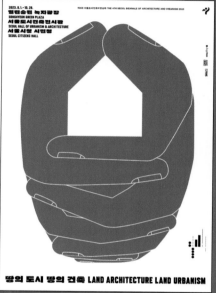
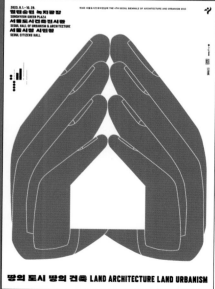
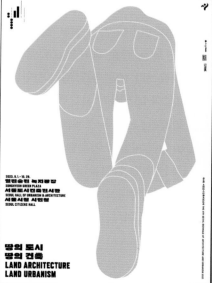

TRY ON OTHER PEOPLE'S SHOES

롤 플레잉을 시작합니다, 2040 서울 라이프

기후변화에 관한 정부간협의체(IPCC)는 제6차 평가 보고서에서 산업화 이전 대비 지구 표면 온도 상승 폭이 '1.5℃'를 돌파하는 시점이 '2040년 이전'일 것이라고 내다봤다. 기존의 예측보다 10년 앞당겨진 것이다. 가속화하는 기후변화 속에서 그 어느 때보다 기후 정의의 중요성이 대두되기 시작했다. 온실가스와 탄소 배출의 책임은 부유한 국가와 고소득층에 더 많이 있지만, 신체적·경제적으로 취약한 계층이 가장 먼저 기후 재난의 직격탄을 맞기 때문이다. 2040년 서울이 기후변화를 막지 못한다면 가장 먼저 기후 재난을 맞닥뜨릴 사람은 누구일까? 그들은 어떤 어려움에 직면할까? 그들이 겪을 상황이 여전히 남의 일 같다거나, 아직 내 차례가 아니니 괜찮다고 말하는 이들에게 이 재난 시나리오는 묵직한 경고를 남긴다. 한번 시작된 기후 재난의 여파는 결코 순차적이지 않으며, 우리가 발 딛은 사회를 뿌리째 뒤흔들 것이라고.

FOCUS

EDITOR. Sumi Kim

산업화 이전 대비, 지구 기온이 이만큼 오른다면?

빙상 붕괴가 시작된다.

전 세계 약 4억 명의 인구가 물 부족을 겪는다.

적도 지방 주요 도시에 사람이 살 수 없게 된다.

북위도 지역에서도 여름마다 폭염으로 수천 명이 사망한다.

기후 위기로 가장 큰 타격을 받아 봄철 폭염으로 사망자가 속출하는 인도에서는

극심한 더위가 32배 더 자주 발생하고 5배 더 오래 지속돼 93배 더 많은 사람이 위험에 노출된다.

2.5℃ 상승 시 가뭄으로 세계적 식량 부족 사태가 발발한다.

- **2℃** - - -

남부 유럽이 영구적인 가뭄에 시달린다.

중앙아시아는 지금보다 19개월 더 오래, 카리브해 지역은 21개월 더 오래 건기가 지속되며,
북부 아프리카에서는 건기가 5년 늘어난다.

화재를 겪는 지역이 지중해에서 2배, 미국에서 6배 이상 늘어난다.

3.2℃ 상승 시 마이애미, 다카, 상하이, 홍콩을 비롯한 수많은 도시가 침수된다.

중앙아메리카, 파키스탄, 미국 서부, 호주까지 심각한 가뭄에 시달린다.

해수면이 최소 50m 상승한다.

- **3℃** - - -

라틴아메리카에서만 뎅기열 발발 사례가 800만 건 이상 증가한다.

유럽에서 살인적 폭염이 일상적인 여름 날씨로 자리 잡는다.

거의 매년 전 세계에 식량 위기가 도래한다.

폭염 관련 질병으로 인한 사망자 수가 9퍼센트 증가한다.

하천 범람으로 인한 피해가 방글라데시에서는 30배, 인도에서는 20배, 영국에서는 60배 늘어난다.

기후변화로 인한 여섯 종류의 자연재해가 동시에 발생하는 지역이 생겨난다.

전 세계 피해 규모가 600조 달러(오늘날 전 세계 부의 2배 이상)에 육박한다.

기후 위기로 인한 분쟁과 전쟁이 2배 증가한다.

- **4℃** - - -

적도와 열대 지방은 거주가 불가능해진다.

해수면이 60m까지 상승해 세계 주요 도시 3분의 2를 덮는다.

오늘날 우리가 섭취하는 종류의 식품을 생산할 수 있는 토지가 거의 사라진다.

화염 폭풍과 허리케인이 지구 곳곳을 강타한다.

열대성 질병이 북극까지 퍼진다.

직접적인 열기 때문에 사람이 살 수 없는 지역이 지구 전체 면적의 3분의 1에 달한다.

- **8℃** - - -

기후 재난 가상 시나리오

SITUATION	TROUBLE	RESULT
독립 후 처음 자취하게 된 20대 청년	➡ 여름부터 가을까지 수시로 내리는 집중호우 ➡ 6월 초부터 이어지는 긴 열대야 ➡ 국제적인 경기 침체 여파와 일자리 대전환으로 인한 혼란	소득이나 자산이 많지 않은 사회 초년생이 구할 수 있는 집은 반지하, 옥탑방 등 기후 재난에 취약한 공간이 대부분이다. 반지하 집은 단시간에 쏟아지는 강수량 때문에 침수되는 일이 잦고, 옥탑방에 거주하면 한낮의 강렬한 태양에 달궈진 채로 긴긴 열대야를 견뎌야 한다. 이러한 극단적 기후 탓에 젊은 층에서도 질병을 치료하거나 건강관리를 하는 데 점점 더 많은 비용이 든다. 한편 기후변화로 인한 전 세계적 생산량 감소와 GDP 감소로 한국에서도 양질의 일자리가 줄어들어 청년의 자립은 더욱 어려워지고, 빈부 격차가 심화된다. 이에 따라 청년 세대 사이에서 기성세대에 대한 불만과 반발감이 쌓여간다. 탄소 배출에 훨씬 큰 책임이 있음에도 최선을 다해 줄이지 않은 정부, 기업, 기득권층을 상대로 배상 신청, 집단 항의, 시위 등이 빈번하게 발생해 사회가 어지럽게 분열된다.
혼자 사는 저소득층 노인	➡ 여름철 한 달 이상 이어지는 살인적 폭염 ➡ 겨울철 급격한 기온차와 혹한	기후변화로 인한 극한의 날씨는 65세 이상 인구에 치명적이다. 심뇌혈관 질환의 비율이 높아지며, 열사병이나 열탈진 발생률 역시 증가한다. 특히 저소득 1인 노년 가구는 응급 시 신속하게 대처하기 어려워 위험한 상황에 처할 수 있다. 이에 정부 및 지자체는 여름과 겨울마다 매일 최고·최저 기온 예보에 따라 65세 이상의 외출이나 야외 활동을 제한할 수 있다. 냉난방 시설을 갖추지 않은 곳에 거주하는 이들을 방문 관리로 살피기에는 그 수가 너무 많기 때문에 기후 재난 취약 계층 돌봄 공간에 한데 모아서 관리하게 된다. 안전은 담보할 수 있으나 많은 이들이 날씨로 인해 자유롭게 생활할 권리를 통제받는다.

내가 만약 서울의 기후 재난 취약층이라면?

SITUATION	TROUBLE	RESULT
2040년에 태어난 영아	➡ 각종 감염병의 북상 ➡ 산불과 인근 국가의 사막화로 인해 극심해진 대기오염 ➡ 기후 난민 유입에 따른 예산과 교육 자원의 부족 ➡ 식량 위기에 따른 영양 결핍 우려	온난화로 인해 기존에 한국에서 발병하지 않던 감염병이 북상하거나 변이를 일으켜 갓 태어난 영아가 필수 접종해야 할 예방주사의 수가 대폭 늘어난다. 또한 기후 재난 취약인 영아는 인근 지역에서 반복되는 산불과 사막화로 인한 황사 등으로 심각한 대기오염에 노출될 수 있다. 유아기까지는 외출 시 호흡기 수준의 강력한 보호 장치를 반드시 착용해야 한다. 한편 경제성장률이 낮거나 더운 국가에서 기후 난민이 발생해 서울로 대거 유입된다. 어린이들을 위해 확보했던 보육·교육 자원을 이들에게 배분함에 따라 갈등과 혐오가 발생한다. 또한 기후 재난이 초래한 식량난으로 인해 일부 필수영양소를 어린 나이부터 식품 대신 영양제나 주사 등의 방법으로 섭취하는 것이 보편화된다.
서울 근교에서 평생 농사를 지어온 농부	➡ 홍수로 인한 해안가 농경지 감소와 도심 부근의 농경지 집중 ➡ 아열대기후로 변화한 재배 환경 ➡ 극단적 가뭄과 물 부족	해수면 상승으로 해안에 인접한 농경지가 먼저 폐쇄되고, 차츰 중심지 부근의 농지만 남는다. 그러나 한국인의 주식인 쌀과 옥수수 같은 작물이나 배, 포도, 복숭아, 사과 등의 생산지도 점점 줄어 농업 지도가 크게 바뀌고, 농부는 새로운 재배종에 적응해야 한다. 자본이 있는 소수의 농부는 사계절 기후변화로부터 비교적 자유로운 온실 농업으로 정착한다. 하지만 그렇지 못한 대다수 농부는 재배 종목을 바꾸더라도 새로운 병원체와 해충·잡초 등의 발생에 끊임없이 대처해야 하며, 이내 가뭄과 폭염·폭우가 번갈아 들이닥쳐 점차 모든 농사를 지을 수 없게 된다. 농부는 일자리를 잃는 것은 물론, 거주 환경마저 살기에 적합하지 않아 서둘러 새로운 직종으로 전환하지 않을 경우 기후 난민이 될 위험에 놓인다. 또한 식량 위기로 인해 온실에서 재배한 몇몇 생산물의 가격이 치솟고, 이 때문에 극심한 사회 갈등이 발생할 수 있다.

지킬 앤 하이드 서울

ART

EDITOR. Seohyung Jo

서울은 양면성을 가졌다.
환경오염을 일으키는 탄소
빌런의 모습과 아름다운 자연을
품은 녹색 도시의 모습이
공존한다. 서로 다른 관점으로
서울을 기록하는 금혜원, 표기식
작가의 작품을 나란히 놓고 보니
우리 앞의 갈림길이 보인다.
당신은 앞으로 서울이 어떤
모습이길 바라는가?

Blue Territory13_pigment print_70x160cm_2009 © 금혜원

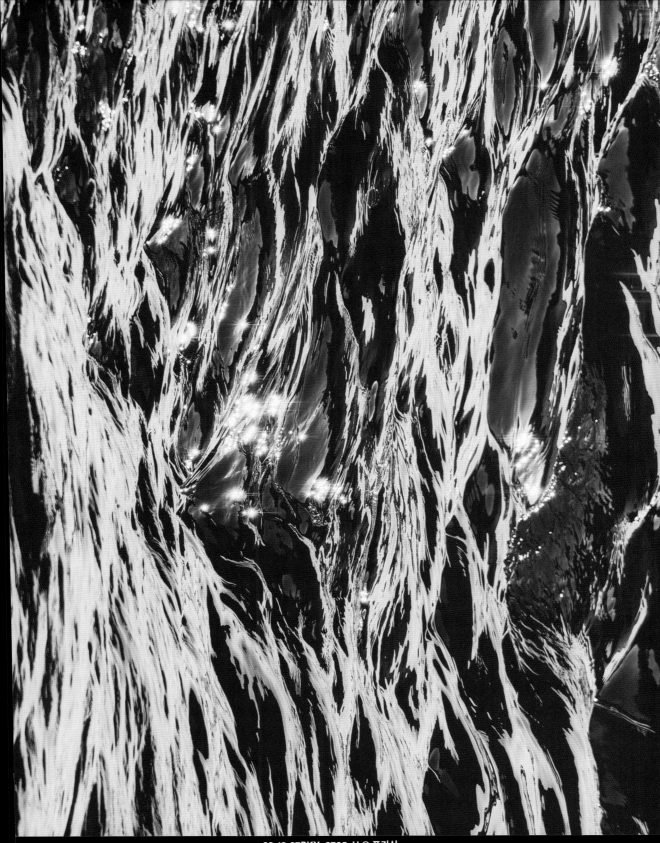

22-12-23PKX_2395_H © 표기식

Blue Territory 5_pigment print_70x210cm_2007 © 금혜원

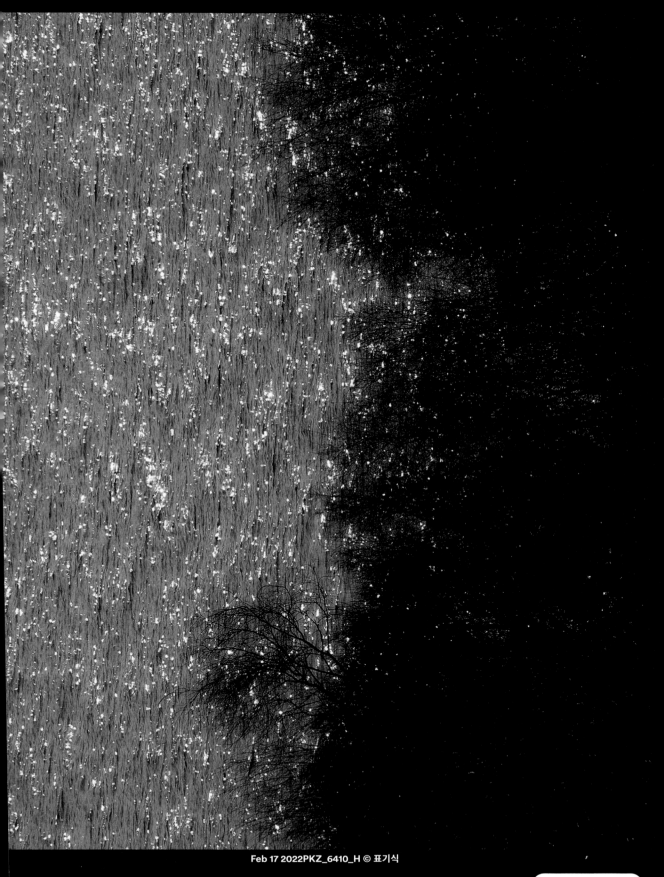

Feb 17 2022PKZ_6410_H © 표기식

Urban Depth J0028, pigment print, 130x108cm, 2010 © 금혜원

Hall of Fame, Sep17 2021PKX01333_H, 2021 © 표기식

Urban Depth DB0035, pigment print, 90x108cm, 2011 © 금혜원

Urban Depth J0020, pigment print, 130x108cm, 2010 © 금혜원

Jul 14 2022PKX_2767_H © 표기식

Urban Depth DB0023, pigment print, 130x108cm, 2011 © 금혜원

Sep 22 2021PKX_3434_H © 표기식

66
망각하지 않으려면
표면 아래 감춰진 풍경에도
관심을 가져야 한다.
99

작가 금혜원은 밝히고 싶은 서울의 모습을 찍는다. 일상에서 볼 수 없고 일반인으로부터 가려진, 그러나 누군가는 알아야 할 장면을 가시화한다. 서울에서 나고 자란 그의 기억 속에서 이 도시는 끊임없이 변한다. 보존해야 마땅한 역사적 장소와 그린벨트까지도 순식간에 대규모 아파트가 점령하곤 한다. 그 결과 서울은 빠른 속도, 큰 밀도, 높은 고도가 지배하는 거대 도시가 되었다. 기회는 서울에 집중되어 있고, 제한된 공간에서 사람들은 과열 경쟁을 한다. 서울은 역동적이고 활기가 넘치지만, 동시에 갑작스러운 재난과 재해에 취약한 위태로운 도시다. 인구 감소와 각종 환경문제가 거론되고 있는 지금, 언제까지 고밀도 개발이 유효한 대안일 수 있을까?

서울은 금혜원에게 작업의 원천이다. 서로 다른 욕망이 교차하고 갈등하면서도 그 모든 것들이 기이하게 공존한다. 도시 구성원 각자의 열망과 개성이 적나라하게 표출되어 흥미로운 반면 피곤하고 불안하다. 이미 잘 알고 있다고 생각했던 장소에서 뜻밖의 풍경을 마주하는 게 서울에 사는 금혜원의 가장 큰 기쁨이다. 반면, 인간과 인간 사이의 물리적 거리가 가까워짐에 따라 생겨나는 혐오와 갈등을 마주할 때 가장 슬프다. 서울이 기후 위기를 극복하기 위해서는 더 나은 방법을 찾아야 한다. 올바른 정부 정책과 기업 차원에서의 행동이 무엇보다 중요하다고 생각한다.

금혜원의 'URBAN DEPTH'는 도시의 표면 아래 가려진 일상을 보여준다. 우리가 살아가는 오늘의 서울은 부정적인 것으로 여겨지는 대상으로부터 차단되어 있다. 죽음이나 폐기물 같은 주제로부터 분리된 채 편리하고 쾌적한 생활을 영위하지만, 바로 그 점이 우리를 삶의 일부로부터 멀어지게 한다. 망각하지 않으려면 표면 아래 감춰진 풍경에도 관심을 가져야 한다. 그래서 일상의 시야 너머에 존재하는 서울의 또 다른 일상을 보고 싶었다.

접근 자체가 금지된 경우가 많아 이를 통과하는 게 작업 중 가장 어려운 부분이었다. 허가를 받아도 여러 변수에 의해 접근이 막히는 일이 반복되었다. 이런 장소의 은폐적 속성을 반증하는 에피소드다. 정작 중요한 부분은 공개를 제한해 촬영 도중 작업을 중단해야 하는 경우도 있었다. 현장의 인원을 설득하고 융통성 있게 타협하는 과정이 중요했다. 그러다 보면 뜻밖에 도움을 받는 일도 생긴다. 곤란한 상황을 마주하는 걸 결코 바라지 않지만 이 역시 작업의 일부라고 생각한다.

금혜원의 <BLUE TERRITORY> 시리즈는 서울의 재개발 지역을 대상으로 했다. 침수 방지용으로 철거 지역을 덮은 푸른 타폴린이 불길하면서도 한편으론 발랄하게 넘실댄다. 이는 장소의 죽음이자 기억의 단절을 뜻하는 경계 지점임과 동시에 다른 맥락의 공간으로 재탄생하는 희망과 욕망을 은유한다. 부정적 사건이나 현상이 될 수도 있는 양가적 의미를 초현실적으로 보이는 푸른 풍경 안에 함축해 표현했다. 지금은 사진 속 장소에 모두 아파트 단지가 들어서 있다.

66
내일 날씨가 오늘처럼
맑을 거라는 보장이 없으니
다음으로 미룰 수 없다.
99

작가 표기식은 간직하고 싶은 서울의 모습을 찍는다. 대구 출생인 그는 2006년에 서울로 올라왔다. 주로 한강과 접근성이 좋은 서울시 마포구의 서교동, 동교동, 성산동에 살았다.

표기식은 자전거를 타고 한강을 따라 움직이며 서울이 가진 찰나의 장면을 포착한다. 노을공원에서 내려다본 강변, 난지지구의 나무, 성산대교에서 찍은 밤섬 등이 그것이다. 집 근처 난지공원과 노을공원을 특히 자주 찾는다. 이 두 공원의 나무는 새로 심은 것으로 나이가 많지 않다. 어린 나무는 빛을 향해 몸을 기울이고 이파리 크기를 조정하며 계속 자란다. 때문에 사진가로서 성장 과정을 기록하는 재미가 있다.

표기식은 1년치 농사를 짓듯 사계절 한강으로 나와 사진을 찍는다. 내일 날씨가 오늘과 같을 거라는 보장이 없으니 내일로 미룰 수 없다. 시간대별로 다른 한강의 얼굴을 담기 위해 하루에 두세 번씩 출사를 나가기도 한다.

늦여름에 가장 자주 한강에 나간다. 장마가 끝난 후의 물과 하늘은 맑고, 성장을 마친 나무의 색은 흔들림없이 또렷하다. 한강 사진을 찍기에 겨울도 좋다. 한강의 부유물이 적어 물이 깨끗하고 하늘도 맑기 때문이다. 겨울의 거센 바람은 다양하고 많은 질감을 만든다. 그 덕에 사진 찍는 일이 즐겁다. 겨울이면 파란 하늘이 물에 비쳐 한강이 파랗게 찍힌다.

겨울이 지나고 봄이 오면 시야가 흐려진다. 다리 위에서 찍은 한강 사진을 보면 건너편이 보이지 않을 정도다. 그럴 때면 어쩔 수 없이 피사체로부터 멀어진다. 나무와 산의 양감을 담을 수 없다. 코로나19가 유행할 무렵 봄의 시야가 맑아졌다. 그동안의 황사와 미세먼지는 무엇이었을까. 진실은 여전히 알 수 없다. 몽골에서 불어온 모래인지, 중국 공장에서 날아온 매연인지, 강변북로의 타이어 가루인지. 기후 위기는 복합적인 결과물이고, 누구 한 사람의 말이 답은 아닐 것이다. 표기식은 그저 어느 때든 한강의 사진을 많이 찍어둘 뿐이다.

영화 <일대종사>에는 아빠가 딸에게 이런 말을 한다. "세상사 가운덴 안 보면 사라지는 것도 있다. 봐둬도 나쁘지 않아." 표기식 역시 비슷한 마음이다. 현실 세계의 입체 좌표엔 단 한 명만 존재할 수 있다. 그가 '어떤' 장소에서 '어떤' 장면을 발견했고, 마침 카메라를 갖고 있기에 찍는 게 맞는 거라고 판단했다. 해당 X축, Y축, Z축 값에 존재하지 못한 사람들을 위해 사진을 찍고 나눈다.

'누군가가
구해주겠지'

하는
믿음이다

탐험가, 로버트 스완
Robert Swan

1.5°C N° 5 MAKE THE FUTURE FOR ALL

<1.5°C>는 환경문제로 인한 기후변화의
심각성을 알리고 하나뿐인 지구를
살리기 위한 방안을 모색하며 실천에 동참하는
기후 위기 대응 매거진입니다.

등록번호 제 2023 000051000051호

발행처
소울에너지
서울시 중구 을지로 100 파인에비뉴 B동 18층

ISBN 979-11-982962-5-2 (04080)
ISSN 2799-3795
2023년 9월 11일 초판 1쇄 발행

Website
105orless.com

Instagram
@1.5_magazine

Soul Energy

Publisher·CEO
안지영 Jiyoung Ahn

CFO
홍연훈 Younhun Hong

CMO
박상도 Justin Park

COO
안지원 Jiwon Ahn

Administration
서희라 Heerah Seo

BX Designer
김별아 Byeola Kim

agencement

Editor in Chief · CEO
최혜진 Hyejin Choi

Editors
김수미 Sumi Kim
조서형 Seohyung Jo
유다미 Dami Yoo
정경화 Kyounghwa Jung
권진아 Jinah Kwon
정현숙 Hyunsook Jung

Editorial Design Dept
Golden Bell Temple Graphics
이지현 Jeehyun Lee
최세은 Seeun Choi

협업 및 제휴 문의는
소울에너지 홍보마케팅팀
02-6251-8000
seohr@soulenergy.co.kr
으로 보내주세요.

콘텐츠 관련 문의는
아장스망 <1.5°C> 편집팀
ask@agencement.kr 으로,
판매처 및 유통 관련 문의는 도서출판 걷는사람
02-323-2602, walker2017@naver.com
으로 보내주세요.

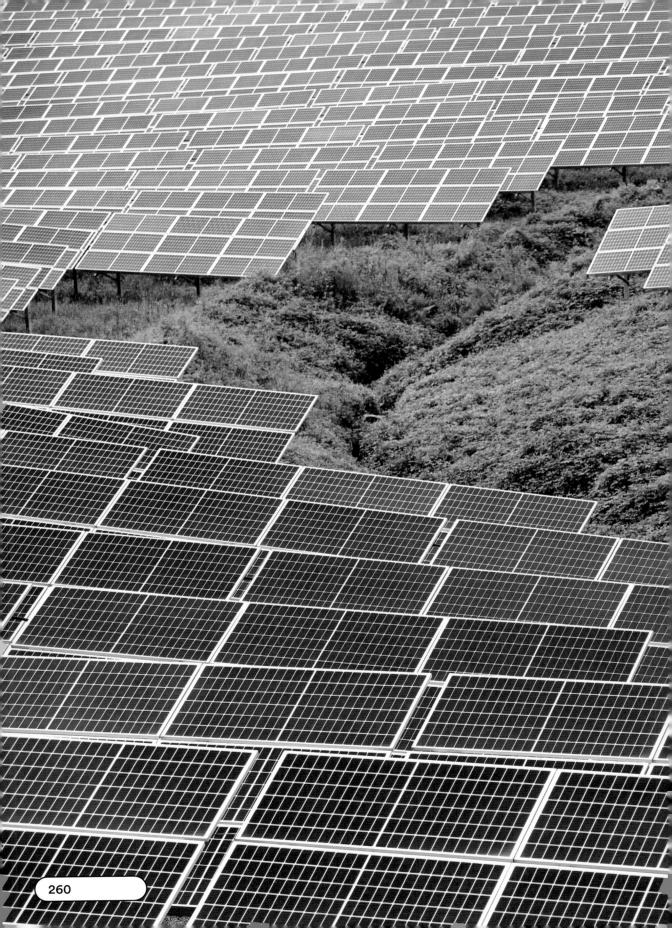

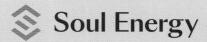

Soul Energy

모두의 일상이 보다 행복해지는 세상을 꿈꾸며,
미래 환경을 위한 신재생에너지를 통해
사람과 환경이 공존하는 지속 가능한 삶을
현실로 만들고자 합니다.

MAKE THE FUTURE FOR ALL

1.5°C

<1.5°C>는 환경문제로 인한 기후변화의
심각성을 알리고 하나뿐인 지구를
살리기 위한 방안을 모색하며 실천에 동참하는
기후 위기 대응 매거진입니다.

ISSUE°
CARBON VILLAIN?
SEOUL

한국 문화 덕분에 그 어느 때보다 세계의 시선이 서울로 더 쏠립니다.
그렇다면 탄소 배출 관점에서 본 서울은 어떨까요? 글로벌 스탠더드를 이끄는
선진 도시라 자부할 수 있을까요? 오랫동안 붙어 있던 탄소 빌런 꼬리표를
떼고 탄소 히어로로 거듭날 수 있을까요? 변화를 위해 행동해야 할 주체는
누구일까요? 이번 호 <1.5°C>는 익숙했던 서울을 완전히 새로운 렌즈로
들여다봅니다. 기후 재난 시대, 서울의 얼굴을 예술가 눈을 빌려 조망했고,
서울시 정책과 글로벌 대도시의 탈탄소 행보를 심도 깊게 조사했으며, 각자의
자리에서 변화를 이끄는 시민·학자·행동가의 호소를 광범위하게 담았습니다.
이것은 지금 우리의 현실, 우리의 서울에 대한 이야기입니다.